Eva Quistorp, Richard Schröder und Gunter Weißgerber

# Weltoffenes Deutschland?

Eva Quistorp, Richard Schröder
und Gunter Weißgerber

# Weltoffenes Deutschland?

Zehn Thesen, die unser Land verändern

**HERDER**

FREIBURG · BASEL · WIEN

© Verlag Herder GmbH, Freiburg im Breisgau 2018
Alle Rechte vorbehalten
www.herder.de

Satz: de·te·pe, Aalen
Herstellung: CPI books GmbH, Leck
Printed in Germany

ISBN Print      978-3-451-38187-4
ISBN E-Book   978-3-451-81329-0

# Inhalt

Vorwort . . . . . . . . . . . . . . . . . . . . . . . . . . . . . . . 7

Erste These: Afrika ist unser Himmel –
aber nicht so! . . . . . . . . . . . . . . . . . . . . . . . . . . . 9

Zweite These: Wir nehmen Flüchtlinge auf –
unter diesen Bedingungen . . . . . . . . . . . . . . . . . . . 21

Dritte These: Aufnahmelager sind nicht
unbarmherzig . . . . . . . . . . . . . . . . . . . . . . . . . . . 45

Vierte These: Das Staatsgebiet ist »Schauplatz
der staatlichen Herrschaft« . . . . . . . . . . . . . . . . . . 61

Fünfte These: Wir dürfen die Kapazitätsgrenze
nicht überschreiten . . . . . . . . . . . . . . . . . . . . . . . . 75

Sechste These: Familien gehören zusammen –
aber nicht immer . . . . . . . . . . . . . . . . . . . . . . . . . . .     79

Siebte These: Ganz Deutschland hat Angst?
Von wegen! . . . . . . . . . . . . . . . . . . . . . . . . . . . . . . .     91

Achte These: Denk' ich an Deutschland
in der Nacht: Engagierte Weltoffenheit
statt gleichgültigen Nebeneinanders . . . . . . . . . . .     101

Neunte These: Wir brauchen einen neuen Pakt
zwischen dem Staat und seinen Bürgern   . . . . . .     117

Zehnte These: So kämpfen wir für Freiheit und
Frieden und gegen Fluchtursachen . . . . . . . . . . . .     133

Anmerkungen   . . . . . . . . . . . . . . . . . . . . . . . . . . . . .     142

# Vorwort

Am 14. Oktober 2017 haben wir in der Tageszeitung *Die Welt* »10 Thesen für ein weltoffenes Deutschland« veröffentlicht, die wir in diesem Buch vertiefen. Die Thesen haben wir gemeinsam verfasst und unterschrieben. Die Vertiefungen und Kommentare verantworten dagegen die Autoren jeweils allein.

Ein weltoffenes Deutschland ist nicht dasselbe wie ein Deutschland mit völlig offenen Grenzen. Grundsätzlich bejahen wir Zuwanderung und begrüßen die Freizügigkeit in der Europäischen Union. Aber Zuwanderung nach Europa muss kontrolliert und maßvoll erfolgen. »Weltoffen« heißt nicht Selbstaufgabe. Deutschland wird sich durch Zuwanderung verändern, das war schon immer so, aber bitte nicht so, dass wir und unsere Urenkel es nicht wiedererkennen.

»Weltoffen« heißt auch: offen für Anregungen aus anderen Erdteilen und Kulturen. Es heißt aber nicht: je bunter, umso besser. Nicht alles, was Zuwanderer an Überzeugungen und Gewohnheiten mitbringen, bereichert uns. Manches wirft uns zurück und verstärkt, was wir für überwunden hielten. Mehr Vielfalt heißt deshalb oft auch: mehr Konflikte, vor denen wir uns nicht drücken sollten.

Wir können gegen Fremdenfeindlichkeit und Abschottungstendenzen nur dann wirksam vorgehen, wenn wir die großen Probleme, die sich aus der massenhaften Zuwanderung 2015/16 ergeben haben und noch ergeben werden, weder beschönigen noch gar verschweigen. »Wir schaffen das« ist keine Tatsache, sondern eine Hoffnung.

Wir danken Herrn Stefan Linde dafür, dass er uns auf die Idee gebracht hat, jene zehn Thesen zu einem kleinen Buch zu erweitern. Und wir danken Herrn Simon Biallowons vom Herder-Verlag für die geduldige und aufwendige Lektorierung so unterschiedlicher Texte.

Eva Quistorp, Richard Schröder, Gunter Weißgerber

**Erste These:**

---

# Afrika ist unser Himmel –
# aber nicht so!

Wir alle haben uns gefreut, als Mandela aus dem Gefängnis befreit wurde, in Südafrika mit den ersten freien Wahlen der Traum einer Regenbogennation wahr zu werden schien. Viele waren von der Fußballweltmeisterschaft dort begeistert, suchten und suchen als Touristen nach den Resten der Wildnis mit Löwen, Elefanten, grandiosen Naturparks, Wüsten oder Wasserfällen. Andere besuchen Hilfsprojekte für Solaranlagen in Dörfern, für sauberes Trinkwasser, feministische Radios in Nairobi, fordern Wiedergutmachung für die Opfer des Massakers an den Ovherero und Nama in Namibia, lernen als Jugendliche mit *weltweit* Afrika kennen. Einige reisen als Partner der Kirchen mit *Brot für die Welt* dorthin oder als Diamanten- und Rohstoffjäger, als Ölmanager. Auch Musik und Modeindustrie suchen Geschäfte in Afrika. Inzwischen sind chinesische Staatsfirmen für Autobahnen, Züge und Rohstoffausbeutung mit langfristigen strategischen Interessen dort tätig, wo einst Franzosen, Engländer, Italiener, Deutsche, später die UDSSR und die USA Kolonialherren waren. Afrika, und das ist leider wahr, ist für uns oft der Kontinent der schlechten Nachrichten, der Anschläge in Tunesien und Ägypten, der Entführung der mehreren hundert Schulmädchen durch Boko Haram, der Christenverfolgungen im Kongo. Zugleich gibt es auch gute Nachrichten, wie die vom Friedensnobelpreis 2016 für das Tunesien-Quartett, in dem Unternehmer, Gewerkschaften, Menschenrechts- und Frauengruppen gemeinsam für eine säkulare Verfassung und die Verteidigung der Demokratie gekämpft hatten. Frauen wirken in Tunesien als Unternehmerinnen, Juristinnen und Ärztinnen, oft ohne Kopftuch, da sie dies als ein Zeichen des politischen Islam ablehnen.

Es gibt noch mehr gute Nachrichten, die wir oft nicht hören. Unsere Beziehung zu Afrika ist auch eine Beziehung, in der die 40-jährige Geschichte der Entwicklungspolitik eine Rolle spielt. Heute sprechen wir von wirtschaftlicher und kultureller Zusammenarbeit. Als Kanzler hatte Gerhard Schröder Uschi Eid von den Grünen zur Afrikabeauftragten gemacht, Kanzlerin Angela Merkel berief Günter Nooke, einen Bürgerrechtler aus der DDR. In vielen Medien wird Afrika nicht mehr nur schwarz-weiß, sondern in seiner Vielfalt gesehen. Wahrgenommen wird auch der Protest von Studenten und Oppositionsgruppen, die auf die Straße gehen für *good governance* und gegen korrupte Eliten, wie zuletzt in Zimbabwe.

Aber: Afrika, das sind eben doch auch die bedrückenden Schreckensnachrichten über islamistischen

Terror, über das in Bandenkriegen verstrickte und sich selbst zerstörende Libyen, in dem es grauenvolle Flüchtlingslager und Sklavenhandel gibt, angesichts dessen UNHCR-Lager oder UNO-Truppen oft ohnmächtig und hilflos wirken. Fast täglich werden wir überschüttet mit Bildern von überfüllten Flüchtlingsbooten im Mittelmeer, unterlegt mit der medialen Anklage: »Ihr seid schuld! Warum tut niemand etwas?« Die komplizierte Reform der Politik und Wirtschaftsbeziehungen, die Kritik an Diktaturen in Afrika, das wird kaum erklärt. Stattdessen sollen Fernsehzuschauer sich schuldig fühlen und zu Spenden bereit sein. Das Fatale: Diese Art von Nachrichten führen zu Abstumpfung oder falschen Schuldzuweisungen, zu Verschwörungstheorien aus dem linken wie dem rechten Meinungslager, und erst recht in den sogenannten sozialen Medien. Einige Talkshows haben eher die AFD gestärkt, als zu einer rationalen europäischen Asylpraxis und einer Einwanderungspolitik beizutragen, die eine Sicherung der Grenzen Europas voraussetzt.

Klar sollte weiter für Hilfsorganisationen gespendet werden. Doch das reicht nicht. Wir müssen uns dem Elend in der Welt stellen. Wir müssen nach effektiven Hilfsstrategien fragen, nach dem Versagen auch von Eliten in den afrikanischen Ländern selbst. Es wäre gut, wenn die Massenmedien die Verantwortung nicht so oft allgemein auf »die Politik, die Weltgemeinschaft« oder auf die einfachen Bürger in Europa oder Deutschland abschieben würden, die selbst viele Alltagssorgen haben. Die Medien selbst nehmen sich beispielsweise selten in die Verantwortung. Sie könnten doch zum Beispiel mit Geld und Infrastruktur unabhängigen Medien in Herkunftsländern der Massenmigration von Flüchtlingen helfen. Ex-Bundespräsident Horst Köhler und »Entwicklungsminister« Gerhard Müller versuchen Aufmerksamkeit für mehr Investitionen in Afrika zu wecken. In den Medien erfährt man allerdings kaum etwas davon, geschweige denn von Erfolgen oder Misserfolgen der Afrikabeauftragen, von Projekten des Bundesministeriums für wirtschaftliche Zusammenarbeit und Entwicklung (BMZ), ja nicht mal von der humanitären Hilfe, die Deutschland über die EU und die UNO zahlt. Dies trägt auch dazu bei, dass nun viele Hilfswillige und Kirchenvertreter meinen, die Hilfe für Afrika bestünde vorwiegend in der Akzeptanz ungeregelter Zuwanderung, ohne die Grenzen der Fähigkeiten zur Hilfe zu bedenken.

Bei der Debatte um die Flüchtlingsströme wird neben Krieg, Klimawandel und Welthandelspolitik eine wesentliche Ursache von Hunger und Armut meist vergessen: die Überbevölkerung. Ich halte sie für eine der wesentlichen Fluchtursachen. Seit der Bevölkerungskonferenz in Kairo von 1994 traten das erste Mal islamische Staaten und der Vatikan gemeinsam auf gegen die in der UNO seit ihrer Frauendekade (1975–85) gestärkten Frauenrechte. Sie sollten allen Frauen der Welt ihre *reproductive rights* geben: Schwangerschaftsberatung, freier Zugang zu Verhütungsmitteln, zur Not auch Schwangerschaftsabbruch wie in Europa, medizinische Betreuung in allen Lebensphasen. Das Recht der Mädchen gegen Kinderehen, der Frauen gegen Zwangsverheiratung wurde erkämpft. Dagegen läuft seit Langem eine Art Krieg der »unheiligen Allianz«, wie das Frauenorganisationen weltweit formulieren, von reaktionären katholischen mit islamischen Kräften. Der neue Papst Franziskus hat zwar eine gute Agenda zum Erhalt der Schöpfung geschrieben, doch die Verantwortung der katholischen Kirche in Afrika gegen die Überbevölkerung, die alle Konflikte verstärkt, nimmt er auch nicht wahr. In Afrika nimmt die konservative Islamisierung durch extrem schlechte Moscheeschulen für die Armen und Missionierung durch evangelikale Sekten zu. Das hat weniger Rechte von Frauen und Mädchen zur Folge und viel zu viele Schwangerschaften. Es geht nicht um den Krieg gegen die Armen statt um den Krieg gegen die Armut. Nein, es geht um die Freiheit der Mädchen und Frauen, gebildet, aufgeklärt zu sein, frei entscheiden zu können von Gruppendruck, dem Druck des Dorfes, der Religion. Nur so können die Frauen selbst gegen Elend und Armut eintreten. Millionen von Müttern können auch in Tunesien oder Ägypten ihren Kindern keine soziale Sicherheit und Zukunftsjobs bieten. Sie müssen die Last der Erziehung und Ernährung der Familie oft allein tragen. Sie können ihren Kindern keine Alternativen zum Handy und Medienkonsum bieten, die sie eher verführen und radikalisieren, als sie bilden. Sie können ihre vielen Söhne nicht von Kleinkriminalität und Schleppern fernhalten.

Davon profitiert die Schleppermafia, die sie verführen, in die Verschuldung treiben, in lebensgefährliche Fluchtwege locken und erpressen. Diese Versprechen, oft jenseits aller Arbeits- und Alltagsrealitäten in Deutschland, können in spätestens zehn Jahren zu großen Frustrationsausbrüchen führen, zu Depression und Aggression verbunden mit ethnischen Clanbildungen. Die Versprechen der Schlepper, wie ich bei meiner Arbeit im Flüchtlingsheim erfuhr, lauten zum Beispiel so: »Ihr kriegt in Deutschland ein Auto, ein Haus und Frauen und viel Geld, Merkel lässt euch rein, ihr könnt eure Pässe wegwerfen.« Der Afghane, der mir das sagte, fügte hinzu: »Deutschland kaputt.«

Die Schlepperindustrie profitiert mit ihren Milliardengewinnen von Medienberichten und von blauäugiger Rettungshilfe, die nichts am mafiösen Schleppersystem ändern, Sie muss als ein globaler Mafiakonzern des Menschenhandels mit brutalsten Geschäftsmethoden bekämpft werden. Noch wichtiger: Viele, die in Nordafrika für Frauen, Gewerkschaftsrechte und gegen die Salafisten eintreten, fliehen nicht: entweder, weil sie im Gefängnis sind oder weil sie eben in ihrem eigenen Land Reformen erreichen wollen. Die sollten wir vor allem unterstützen. Die EU-Millionen, die seit Jahren nach Nordafrika fließen, sollten deshalb genauer untersucht werden, wieweit sie Fluchtursachen wirklich bekämpfen, ob sie überhaupt beitragen zur besseren Kooperation der Regierungen dort mit Menschenrechtsgruppen und der EU.

Jedes entwicklungspolitische Projekt der EU und der UNO sollte auf die Folgen für die Frauen und Überbevölkerung wie auf die Bekämpfung der Korruption geprüft werden. Jede Reise von Kanzlerin Angela Merkel oder Präsident Frank-Walter Steinmeier sollte nicht nur mit Worten, sondern auch mit Taten die Kooperation mit der kritischen Zivilgesellschaft, vor allem mit

16

Frauengruppen, Ärzten, Schulen die Entscheidungsfreiheit der Frauen gegen zu viel Kinder stärken. Die Freiheit der Frauen zu verhüten sollte zur Bedingung der Finanzierung gemacht werden, so wie es viele afrikanische Soziologinnen schon lange fordern. Nur so kann verhindert werden, dass jeder Entwicklungsfortschritt wieder durch eine Verdoppelung der Bevölkerung zunichtegemacht wird. Nur wenn Frauen nicht zu viele Kinder bekommen, die Arbeit nicht allein zu tragen haben, können sie sich an den gesellschaftlichen Auseinandersetzungen beteiligen. Erst so können sie selbst für eine gerechtere Gesellschaft eintreten, wie Wanghaari Mathai für die Wiederaufforstung, wie Journalistinnen und Geschäftsfrauen, die sich für die Demokratisierung ihrer Länder gegen korrupte Familienclans einsetzen wie zum Beispiel gegen Jacob Zuma in Südafrika, der das Erbe Mandelas verspielte.

Ich teile die Position von Ministerpräsident Winfried Kretschmann, Nordafrika zu sicheren Herkunftsländern zu erklären, gleichzeitig aber die wirtschaftliche und zivilgesellschaftliche Zusammenarbeit mit diesen Ländern zu verbessern, besser zu kontrollieren, wo die EU-Gelder landen. Die meisten, die nach Europa fliehen, sind in der Regel Jugendliche mit Schulabschluss, kommen aus der afrikanischen Mittelklasse. Fast alle sollen ihren Familien ein zusätzliches Einkommen beschaffen. Wenn die legale Einwanderung mit einem Punktesystem in ordentliche Bahnen gebracht werden kann, wozu auch gezielte Fortbildungsmaßnahmen in den Herkunftsländern gehören, ist das ein gutes Entwicklungsmodell. Auch wenn einige von den Grünen bis Jusos dann im im *Deutschlandfunk* sagen werden, das sei nur *brain drain*, der Raub von Fachkräften aus armen Ländern. Nein, es können damit auch Know How-Transfers in der digitalen Welt verbunden sein, wie es auch der französische Präsident Emmanuel-Macron will. Deutschland ist von solchen Anwerbe-Maßnahmen, die beiden nützen, weit entfernt.

Beim großen EU-Afrikagipfel spielte Macron denn auch eine wichtige Rolle mit dem Thema Flüchtlingskontrolle und Flüchtlingsabwehr, aber vor allem auch mit den neuen Projekten der legalen Einwanderung und zeitlich begrenzten Ausbildung für junge Afrikanerinnen. Die Gesellschaft für bedrohte Völker kritisiert mit guten Gründen, dass dies schlechte Deals mit skrupellosen Diktatoren seien, die das Geld auf schwarze Konten schieben würden, statt sie in Jobs für junge Männer zu investieren, die dann nicht mehr das Abenteuer der Flucht suchen. Doch wie werden wir die Diktatoren los, die weltweit auf dem Vormarsch zu sein scheinen? Von Jobs für Frauen und der nötigen Bildung für Mädchen, die zu den nachhaltigen Zielen der UNO bis 2030 gehören, war weder von Regierungen noch von Kritikerinnen etwas zu hören. Von Überbevölkerung, wie sie im Interesse der Frauen und der afrikanischen Demokratiebewegungen zu begrenzen sei, auch kein Wort auf der Konferenz und in den Medien.

So wie bisher kann es nicht weitergehen, wenn die Träume von Mandela nicht zerstört und Bob Marley, der König der Reggae-Musik mit seiner Vision von 1978 Recht behalten soll: »Afrika ist unser Himmel«.    EQ

## Zweite These:

---

# Wir nehmen Flüchtlinge auf – unter diesen Bedingungen

**Z**wischen Auswanderung und Einwanderung besteht eine Asymmetrie, die aufgrund der deutsch-deutschen Erfahrungen leicht übersehen wird. Es ist ein Menschenrecht, dass jeder (straf- und schuldenfreie) Einwohner sein Heimatland verlassen darf. Es gibt aber kein Menschenrecht auf Einwanderung, schon gar nicht in das Land seiner Wahl.

Die Dinge liegen beim Staatsgebiet so ähnlich wie bei der Wohnung: Niemand darf mich in meiner Wohnung einschließen. Aber ohne meine Erlaubnis darf sich niemand in meiner Wohnung niederlassen, er darf sie nicht einmal ohne meine Zustimmung betreten – außer Polizei und Feuerwehr. Das wäre Hausfriedensbruch. Und wer auswärts übernachten möchte, kann das nicht als Recht einfordern, sondern muss bitten, auch wenn er bezahlt, und kann abgewiesen werden.

»Menschenrecht« heißt hier: Das Recht auszuwandern ist sozusagen jedem Menschen angeboren. Das Recht einzuwandern muss dagegen verliehen werden von den Vertretern der dortigen Staatsbürger. Sie wollen entscheiden, wer zu ihnen kommen darf. Deshalb verlangen sie auch, dass jeder, der kommt, sich korrekt ausweist. Es kann keinen Staat ohne Grenzen und Grenzregime, also die Gesamtheit aller Maßnahmen zur Grenzsicherung, geben. Wo zwischen Staaten die

Aufhebung der Grenzkontrollen vereinbart wird, muss das Grenzregime an die gemeinsamen Außengrenzen verlagert werden.

Wem der Asyl- oder der Flüchtlingsstatus verliehen werden darf und wem er gewährt werden muss, ergibt sich aus dem nationalen Recht und aus dem Völkerrecht. Das alles ist inzwischen unübersichtlich kompliziert geworden und insofern wohl revisionsbedürftig, aber im Kern nicht verkehrt. Wir müssten nur unsere Rechtslage ernster nehmen.

Manche lehnen alle Zugangsrestriktionen an den Grenzen Europas oder Deutschlands als inhuman ab und reden mit Abscheu von der »Festung Europa«, die es zu vermeiden gelte. Denen muss entgegnet werden: Uneingeschränkt offene Grenzen und Sozialstaat schließen einander aus, da das unbegrenzte Ausgaben bei begrenzten Einnahmen zur Folge hätte. Aber auch die Rechtssicherheit kann nur von Institutionen gewährleistet werden, die für ein definiertes Gebiet zuständig sind. Man kann nicht gleichzeitig alle aufnehmen, die kommen wollen, und allen das Existenzminimum eines blühenden Wohlstandsstaats bieten, das ein Vielfaches des Durchschnittseinkommens vieler Herkunftsländer beträgt. Staatliche Leistungen können nur denjenigen Ausländern in Deutschland gewährt werden, die einen Aufenthaltstitel erlangt haben. Die Mindestvoraussetzung ist, dass sich die Person legal in Deutschland aufhält und nicht illegal.

Dagegen wird eingewendet: »Kein Mensch ist illegal.« Der Satz ist erstens richtig. Jeder Mensch hat ein Recht auf Leben. Seine Existenz ist nie illegal. Zweitens aber vernebelt der Satz notwendige Unterscheidungen. Zweifellos können Menschen, die nicht illegal sind, Illegales tun und sich auch irgendwo illegal aufhalten, als Einbrecher etwa. Der illegale Grenzübertritt ist auch dann illegal, wenn dort nur Schilder stehen und kein Zaun oder gar eine Mauer mit Stacheldraht. Das deutsche Strafgesetzbuch sieht dafür bis zu drei Jahre Haft vor. Menschen, die vor einer Gefahr für Leib und Leben fliehen, sind zwar berechtigt, sich ohne Visum über eine Grenze in Sicherheit zu bringen, aber nicht berechtigt, weltweit visafrei zu reisen. In solch einem angrenzenden sicheren Land müssten sie ein Visum beantragen, das ist rechtlich klar geregelt. Für Menschen, die ohne gültiges Visum nach Deutschland kommen, ist diese Strafvorschrift allerdings derzeit unwirksam, wenn sie Asyl beantragen. Denn dann wird die Strafanzeige der Bundespolizei gelöscht und ein Asylantrag aufgesetzt, der ihnen bis zur Entscheidung ihres Antrags Aufenthaltsgestattung und Grundversorgung gewährt. Das könnte auch anders geregelt werden. Anträge auf Asyl könnten auch vor deutschen oder europäischen Vertretungen in sicheren Drittstaaten gestellt werden, die Migranten ohnehin durchqueren müssen. Bei Genehmigung würde ein Einreisevisum erteilt, das den Gebrauch sicherer Verkehrsmittel ohne kriminelle Schlepper ermöglichen würde.

Dem allen widersprach nur scheinbar die Erfahrung im geteilten Deutschland. Alle DDR-Bürger durften sich in der Bundesrepublik niederlassen. Das lag aber nicht an einem großzügigen Einwanderungsrecht, sondern daran, dass sie nach der Definition des Grundgesetzes (Art. 116) deutsche Staatsbürger waren, also keine Ausländer und deshalb auch keine Einwanderer.

Wichtig ist an dieser Stelle: Wir müssen grundsätzlich unterscheiden zwischen Flüchtlingen und Einwanderern. Flüchtlinge sind einer Gefahr für Leib und Leben oder einer schwerwiegenden Beeinträchtigung ihrer Menschenwürde entflohen. Oft haben sie Schreckliches erlebt und das Mitleid möchte ihnen schon deshalb ein Bleiberecht zuerkennen. Aber rechtlich gesehen sind nicht erlittene Qualen Gründe für Asyl und Flüchtlingsstatus, sondern nur drohende Qualen, zum Beispiel bei einer Rückkehr. Dieser Flüchtlingsstatus ist zunächst auf die Dauer der Gefahr begrenzt und gilt höchstens drei Jahre.

Einwanderer verlassen ihre Heimat dauerhaft oder auf Zeit, um an einem anderen Ort bessere Lebenschancen zu finden. Bei den Flüchtlingen entschied das Woher, jetzt entscheidet das Wohin. Für die Migranten selbst kann sich beides verbinden. Sie wollen etwa dem syrischen Bürgerkrieg entfliehen, aber unbedingt nach Deutschland, weil sie dort am kräftigsten unterstützt werden oder dort schon Verwandte sind. Einen Rechtsanspruch haben Flüchtlinge aber nur auf Schutz und nicht auf Glück. Und jedenfalls unterscheiden die aufnehmenden Staaten bei der Gewährung von Bleiberechten immer: Flüchtling oder Einwanderungswilliger?

Flüchtlingen schützenden Aufenthalt zu gewähren, ist eine Forderung der Humanität und das darf auch etwas kosten, oder: Es muss sich für uns nicht lohnen. Vorbedingungen wie Gesundheitsnachweis oder Sprachkenntnisse oder Qualifikationen werden selbstverständlich nicht gestellt. Wir finanzieren sie aus Steuergeldern, denn es geht ja um ihr Leben.

Bei Einwanderern dagegen dürfen wir unsere Interessen geltend machen. Einwanderung muss sich auch für uns lohnen. Jedenfalls darf sie auf lange Frist nicht defizitär sein. Einwanderer müssen für ihren Lebensunterhalt selbst aufkommen, also auf unserem Arbeitsmarkt Arbeit finden. Typische Einwanderungsländer machen die Einwanderung abhängig vom Nachweis, womit die Betreffenden ihr Leben bestreiten wollen, von einer finanziellen Mindestausstattung, einem Gesundheitsnachweis und dem Nachweis ihrer Sprachkenntnisse, die sie bereits zu Hause erworben haben müssen. Sie verlangen, dass Einwanderer der einheimischen Bevölkerung nicht zur Last fallen.

Allerdings gibt es auch bei der Anwerbung von Fachleuten aus ärmeren Ländern ethische Bedenken, zum Beispiel den *brain drain*: Bedeutet das nicht Talentschwund, Entzug von »Humankapital« zu unseren Gunsten? Hier müssen wir aufpassen, dass wir nicht der Logik einer Neo-Sklaverei verfallen und so tun, als wären jene Fachleute Staatseigentum. Herkunftsländer können Studenten Stipendien für Europa gewähren und die Verpflichtung zur Rückkehr zur Bedingung machen. Es sind auch befristete Arbeitsvisa denkbar. Im Übrigen gehen auch deutsche Spitzenkräfte ins Ausland. Wenn man etwas dagegen tun will, darf dies jedenfalls nicht freiheitswidrig sein.

Das Argument des *brain drain* darf vor allem nicht darüber hinwegtäuschen: Unsortierte Zuwanderung ist die unrentabelste Art, fehlende Arbeitskräfte zu gewinnen. Viele Migranten sind Analphabeten, viele haben keine abgeschlossene Berufsausbildung und sind nur angelernt, andere, wie Kleinbauern, können ihren Beruf hier gar nicht ausüben. Sie wollen größtenteils hier auch keine Berufsausbildung absolvieren, obwohl derzeit massenhaft Ausbildungsplätze unbesetzt sind. Oft fehlen die sprachlichen und fachlichen Voraussetzungen für einen hiesigen Ausbildungsplatz. Zudem suchen sie oft das schnelle Geld, um ihre Schulden bei den Schleppern zu bezahlen oder ihren Großfamilien das erwartete Geld zu überweisen. Im vergangenen Oktober brachte die *ARD* dazu in *Plusminus* einen Beitrag; eine Mitarbeiterin von *jobs4refugees* wurde dazu so zitiert: »Er (Bezug wurde genommen auf einen syrischen Flüchtling, Anm. d. Autors) ist alleine nach Deutschland gekommen, musste dafür sehr viel Geld ausgeben und seine Familie ist zuhause und braucht dort Unterstützung. Das heißt, er hat die Verpflichtung, oder er hat den Wunsch, Geld zu verdienen. Und das Geld, das er in einer Ausbildung verdienen würde, würde den Bedarf nicht abdecken.« Mehr als die Hälfte der Flüchtlinge von 2015/16 hat ihren Sprach- und Integrationskurs ergebnislos abgebrochen und von denen, die bis zuletzt blieben, hat die Hälfte nicht bestanden. Lothar Semper, Hauptgeschäftsführer der Handwerkskammer München und Oberbayern, beispielsweise sprach von 70 Prozent, während die durchschnittliche Abbruchquote bei 25 Prozent liegt. Die Erwartung, viele Flüchtlinge würden ein Studium aufnehmen, hat sich bisher nicht erfüllt. Schätzungen über die Kosten dieser Migranten divergieren stark. Manche rechnen mit 100 bis 400 Milliarden, verteilt auf die Jahre bis zu ihrem Eintritt ins Erwerbsleben. Von 30 Milliarden jährlich sprechen andere, eine Summe, mit der man, wie es heißt, den Hunger in der Welt beenden könnte.

Manche fechten die oben getroffene Unterscheidung zwischen Flüchtlingen und Einwanderern an mit dem Argument: Auch diejenigen, die vor Hunger und Armut fliehen, sind Flüchtlinge, nämlich Armuts- oder Wirtschaftsflüchtlinge. Sie müssen, wird gesagt, den Flüchtlingen gemäß der Genfer Konvention gleichgestellt werden, denn Hunger und Bomben töten gleichermaßen. Bomben rechtfertigen aber gar nicht jenen Flüchtlingsstatus, denn der gilt nur für individuell Verfolgte. Sie rechtfertigen lediglich den minderen Status des subsidiären Schutzes. Jener Gleichsetzung von Hunger und Bomben liegt zudem ein fundamentales Fehlurteil zugrunde. Es kommen oft gar nicht die Ärmsten zu uns, sondern überwiegend diejenigen, die die Tausende Euro aufbringen können, die die Schlepper kassieren, oft mit Unterstützung der Großfamilie. Zu Hause gehören sie meist der Mittelschicht an. Über die Rolle der Großfamilien in diesem Zusammenhang ist nicht nur Gutes zu berichten. Sie zwingen manchmal Mitglieder, sich auf die Reise nach Europa zu begeben und verstoßen sie, wenn sie zurückkommen. Denn ihre Reisekosten waren doch eine Investition, die sich lohnen sollte. Der Irrtum, zu uns kämen die Ärmsten, hat fatale Folgen. Denn dann übersehen wir die wirklich Ärmsten, die gar nicht reisen können. Ihnen kann nur vor Ort geholfen werden. Zudem gibt es viele wohlerprobte Strategien gegen Hunger vor Ort: Bildung vor allem, Mikrokredite, Öffnung unserer Märkte für Produkte aus armen Ländern. Die Aufnahme von »Wirtschaftsflüchtlingen« aus fernen Ländern ist auch kein effektiver Beitrag zur Armutsbekämpfung dort oder zum Ausgleich des Gefälles zwischen Nord und Süd. Denn nur wenn sie in unseren Arbeitsmarkt passen, können sie Geld nach Hause überweisen.

Deutschland hat sich nun ein Spezialproblem geschaffen, indem es jedem, der ankommt und Asyl beantragt, bis zum Entscheid eine Aufenthaltsgestattung und die Lebenshaltungskosten gewährt, was offenbar einen mächtigen Anreiz zum Kommen darstellt, auch bei völlig aussichtslosen Asylanträgen. Aber unsere Einwanderungsbedingungen sind restriktiv. Deshalb beantragen diejenigen, die eigentlich einwandern wollen, Asyl. Daran haben wir uns so gewöhnt, dass wir bei Flüchtlingen ganz selbstverständlich annehmen, sie kommen, um zu bleiben. Nach dem Ende des Bosnienkrieges sind aber die meisten Flüchtlinge zurückgegangen, es kann im Fall Syrien auch so sein. Es muss sogar so sein!

Für die Frage, wem wann und weshalb Asyl gewährt wird, ist eine Unterscheidung wichtig, die knapp gefasst, so lautet: Flüchtling ist nicht gleich Flüchtling. Asyl wird in Deutschland aufgrund von Art. 16 des Grundgesetzes jeder Person gewährt, die politisch verfolgt wird. Verfolger können definitionsgemäß staatliche Maßnahmen sein oder die von Dritten, insofern sie dem Staat zuzurechnen sind. Diese Maßnahmen sind Rechtsverletzungen, sie verletzen die Menschenwürde, grenzen den Verfolgten aus und bringen ihn in eine ausweglose Lage. Anlass für die Verfolgung sind Religion, politische Überzeugung oder andere Gründe. Diese Definition stammt aus einem Beschluss des Bundesverfassungsgerichts vom 10. Juli 1989. Das Recht auf Asyl ist zudem im Grundgesetz als Grundrecht deklariert und deshalb in seinem Wesensgehalt geschützt (Art. 19 [2]). Es handelt sich dabei um ein individuelles Grundrecht für alle, die die deutsche Staatsangehörigkeit nicht besitzen, aber irgendwo auf der Welt politisch verfolgt werden. Das dürfte einzigartig in der Welt sein. Grundrechte gelten sonst uneingeschränkt nur für die Staatsbürger. Diese Besonderheit ist wie das ebenfalls in Art. 16 ausgesprochene Verbot der Aberkennung der deutschen Staatsbürgerschaft unmittelbar aus den Erfahrungen der Nazizeit hervorgegangen, in der jüdischen Deutschen die Staatsbürgerschaft entzogen und oft Asyl in erreichbaren Ländern verwehrt wurde. Manche möchten das Asylrecht aus dem Grundrechtsteil des Grundgesetzes streichen, um den Flüchtlingsstrom leichter begrenzen zu können. Das wäre falsch, ein Trugschluss steckt dahinter. Denn weil notwendige Bedingung für die Gewährung von Asyl die individuelle Verfolgung durch den (Heimat-) Staat ist, lag die Zahl derer, die aufgrund von Art. 16 GG ein Aufenthaltsrecht bekamen, in den zurückliegenden Jahren immer unter zwei Prozent derer, die Asyl beantragten. Das hängt auch mit den 1993 beschlossenen Erweiterungen des Artikels 16 zusammen, die durch den Flüchtlingsstrom aus dem zerfallenden Jugoslawien veranlasst worden sind. Damals wurde festgelegt, dass in Deutschland niemand Asyl beantragen dürfe, der aus einem sicheren Land nach Deutschland einreist und dass diese Personen für ihre Antragstellung in das Land der EU zurückgeführt würden, das sie zuerst betreten haben. Außerdem wurde festgelegt, dass bei Ländern, die durch Gesetz, das der Zustimmung des Bundesrates bedarf, als sichere Herkunftsländer erklärt worden sind, eine Beweisumkehr stattfindet. »Sicheres Herkunftsland« bedeutet also keineswegs automatische Abschiebung, sondern der Antragsteller muss beweisen, dass er dort politisch verfolgt wurde oder bei Rückkehr schweren Schaden befürchten muss. Ein Beispiel: In vielen nordafrikanischen Ländern ist Homosexualität strafbar. Deshalb fordern manche, solche Staaten dürften nicht zu sicheren Herkunftsländern erklärt werden. Natürlich darf kein homosexueller Flüchtling in ein Land zurückgeschickt werden, in dem Homosexualität strafrechtlich verfolgt wird. Wenn dieser Staat sich aber in den anderen Punkten, die den Flüchtlingsstatus begründen, rechtsstaatlich korrekt verhält, kann er dennoch als sicheres Herkunftsland gelten, abgesehen von eben diesem Punkt. Übrigens ist es so lange nicht her, dass auch in Deutschland Homosexualität strafbar war. Damit war Deutschland für Homosexuelle in diesem Sinne kein »sicheres Land«. Und dennoch: Wollen wir deshalb behaupten, dass die Bundesrepublik bis zur Tilgung des entsprechenden Paragraphen des Strafgesetzbuches kein Rechtsstaat war?

Da Deutschland von sicheren Herkunftsländern umgeben ist, können Asylsuchende, die gemäß Art. 16 einen Aufenthaltstitel erlangen, Deutschland wohl nur noch zu Wasser oder zu Luft erreicht haben. Daraus folgern nun manche, alle an Deutschlands Grenzen Asyl beantragenden Flüchtlinge müssten nach Art. 16 a abgewiesen werden, die Prüfung ihrer Anträge in Deutschland sei bereits rechtswidrig. Auch dies ist ein Trugschluss. Denn es gibt neben dem Grundgesetz eine zweite Rechtsgrundlage für Flüchtlinge, für die die Einschränkungen des Art 16 a nicht gelten: Wer als Flüchtling anerkannt wird, richtet sich nach der Genfer Flüchtlingskonvention von 1951 oder nun nach dem Asylverfahrensgesetz (zuerst 1992), das jene durch entsprechende Richtlinien der EG beziehungsweise der EU umgesetzt hat. Das ist eine von Art. 16 Grundgesetz unabhängige Rechtsentwicklung; die beiden hängen sachlich eng zusammen. Nach jenem Gesetz erfolgt nun die formelle Zuerkennung der Flüchtlingseigenschaften, wobei außer dem Staat auch Parteien und Organisationen, die den Staat beherrschen, sowie nichtstaatliche Akteure, die vom Staat nicht an Verfolgungshandlungen gehindert werden, als Urheber von Verfolgungen berücksichtigt werden. Ansonsten entspricht die Definition des Flüchtlings in Art. 1 der

Flüchtlingskonvention weithin der oben vorgetragenen Beschreibung der Situation des Asylberechtigten. Flüchtling ist demnach eine Person, die sich außerhalb ihres Heimatstaates aufhält, da ihr dort aufgrund ihrer Ethnie, Religion, Nationalität, politischen Überzeugung oder Zugehörigkeit zu einer bestimmten sozialen Gruppe Verfolgung droht. Nach der sogenannten »Qualifikationsrichtlinie« der EU darf innerhalb der EU niemand abgeschoben werden, bei dem diese Voraussetzungen vorliegen. Asylberechtigte und Flüchtlinge werden weithin gleichbehandelt. Die Zuerkennung der Flüchtlingseigenschaften ist unabhängig von der Frage, ob der Betreffende über einen sicheren Drittstaat eingereist ist. Wenn er sich aber in einem anderen EU-Staat als Schutzsuchender bereits hat registrieren lassen und nun nach Deutschland weiterreist, wird er nach dem Schengen-Abkommen in den EU-Staat seiner Erstregistrierung zurücküberstellt. Dieser hat über den Antrag zu entscheiden.

Das Aufenthaltsrecht für Asylberechtigte und Flüchtlinge kann bei fortbestehender Gefahr verlängert werden. Nach sechs Jahren können sie die Einbürgerung beantragen, sofern sie eine Reihe von Bedingungen erfüllen, zu denen Sprachkenntnis und Erwerbstätigkeit zählen.

Als Grund für den Status eines Asylberechtigten wie für den Status eines Flüchtlings werden sowohl nach internationalem als auch nach deutschem Recht nicht anerkannt: Naturkatastrophen, Armut und wirtschaftliche Not, Krieg und Bürgerkrieg. Nach diesen Bestimmungen dürften Flüchtlinge aus Syrien oft gar nicht als Asylberechtigte oder Flüchtlinge anerkannt werden. Wer vor dem IS floh, konnte zwar oft religiöse, politische und ethnische Gründe geltend machen, nicht aber, wer vor Assads mörderischen Fassbomben floh.

Für diejenigen, die die Bedingungen eines Asylberechtigten und eines Flüchtlings nicht erfüllen, aber berechtigt befürchten müssen, in ihrem Heimatland der Folter, der Todesstrafe oder der Gefahr durch bewaffnete Konflikte ausgesetzt zu sein, gewährt das Asylverfahrensgesetz »subsidiären Schutz«. Subsidiär heißt »ersatzweise«. Er wird zunächst nur für ein Jahr gewährt, kann aber bei fortbestehender Gefahr jeweils um zwei Jahre verlängert werden. Eine Niederlassungserlaubnis ist nach fünf Jahren möglich, wenn die Betreffenden über genügend Deutschkenntnisse verfügen und ihren Lebensunterhalt selbst bestreiten.

Für diejenigen, auf die keine der oben beschriebenen Bedingungen zutrifft, bei denen aber dennoch Gründe vorliegen, die einer Abschiebung entgegenstehen, zum

Beispiel die Reiseunfähigkeit, kann eine Duldung gewährt werden. Sie wird jeweils für ein Jahr zuerkannt und kann auch bei Verlängerung nicht zu einer dauerhaften Aufenthaltsberechtigung und auch nicht zur Einbürgerung führen.

Zuletzt gibt es eine weitere, besondere Gruppe von Flüchtlingen, die sogenannten »Kontingentflüchtlinge« (nach Art. 23 Aufenthaltsgesetz). Danach darf Ausländergruppen aufgrund humanitärer Hilfe der Flüchtlingsstatus eingeräumt werden. Afghanen, die die Bundeswehr bei ihrem Einsatz in Afghanistan unterstützt haben, zum Beispiel als Dolmetscher, und heute befürchten müssen, dafür von den Taliban getötet zu werden, sind als Kontingentflüchtlinge aufgenommen worden. Wahrscheinlich wäre es klug gewesen, wenn Deutschland im Herbst 2015 zur Entspannung der Situation am Budapester Bahnhof einmalig ein Kontingent von 4000 Migranten mit Bussen übernommen hätte, statt die Grenze zu öffnen.

So ist die Rechtslage in Deutschland, die feine Unterscheidungen zulässt. Die entsprechenden Behörden treffen zumeist auch gut vertretbare Entscheidungen. Das Problem aber ist: Etwa die Hälfte der Asyl- oder Flüchtlingsstatusanträge, das liegt im europaweiten Mittel, wird abgelehnt. Allerdings bleiben die Abgelehnten trotzdem in Deutschland. Die Folgen sind verheerend. Weltweit hat sich die Auffassung verbreitet, wer es einmal bis nach Deutschland geschafft hat, für den gibt es genügend Tricks, dauerhaft hierzubleiben. Sie bekommen Unterstützung von denjenigen, die der Meinung sind, ein humaner Staat müsse alle aufnehmen, die kommen wollen. »Nächstenliebe kennt keine Obergrenze« hat eine namhafte Politikerin gesagt. Es ist nur leider so: Jedes Konto, jeder Haushalt, jedes Portemonnaie kennt eine Obergrenze. Mehr Geld als drin ist, ist nicht drin. Wenn wir dauerhaft für schutzbedürftige fremde Menschen finanzielle Verpflichtungen übernehmen, weil sie bei uns erst nach Jahren für ihren Lebensunterhalt aufkommen können, müssen wir sicher sein, dass wir das auch nach dem Ende der derzeitigen Hochkonjunktur werden finanzieren können. Nothilfe hat immer Vorrang vor Wohlfahrtshilfe. Wir können doch nicht sagen: Jetzt wird es knapp in unserem Sozialetat, deshalb müsst ihr jetzt gehen. Wir können auch nicht plötzlich die Nothilfe einstellen, weil wir uns durch Wohlfahrtshilfe übernommen haben. Um weiterhin denjenigen helfen zu können, die auf unsere Hilfe angewiesen sind, müssen wir auch in Hochkonjunkturzeiten diejenigen zurückschicken, die nicht anspruchsberechtigt sind. Das ist eine unangenehme Aufgabe, vor der sich manche Bundesländer drücken. Sie verdienen nicht ein Lob für Großherzigkeit, sondern Tadel für Kurzsichtigkeit.

Bleibt die Frage, die banal klingt, aber grundlegend ist: Warum nehmen wir Flüchtlinge auf? Bei Verfolgten und Bürgerkriegsflüchtlingen ist die Antwort klar: um ihnen Schutz zu gewähren. Oft wird daran erinnert, dass doch viele unserer Großeltern 1945 selbst Flüchtlinge, Vertriebene waren. Auch an die deutschen Juden wird erinnert, die sterben mussten, weil sie nicht fliehen konnten. Auch in der Bibel wird die Forderung, Fremdlinge nicht zu unterdrücken, mit dem Hinweis begründet, dass »ihr doch selbst einmal Fremdlinge in Ägypten wart«. Das Argument ist gut gegen Fremdenfeindlichkeit. Aber das Argument, dass wir Deutsche aufgrund der Verbrechen in unserer Geschichte uns in der Flüchtlingsfrage besonders vorbildlich verhalten und möglichst alle willkommen heißen müssen, kommt bei unseren Nachbarn gar nicht gut an, sie fragen sich: Soll schon wieder am deutschen Wesen die Welt genesen? Müsst ihr denn immer was Besonderes sein? Jene Vergleiche können zudem in die Irre führen. Die Vertriebenen von 1945 flohen innerhalb Deutschlands. Sprache, Berufswelt, Rechtsordnung, Kultur und Geschichte waren ihnen nicht fremd, höchstens Dialekt und Konfession. Auf der anderen Seite waren alle Migranten, die heute nach Deutschland kommen, zuvor schon ihres Lebens sicher. Und der geringere Teil ist überhaupt einer Lebensgefahr entronnen. Auch bei diesen ist die Frage erlaubt, ob sie nicht besser in der Nähe ihres Herkunftslandes oder in Schutzzonen auf das Ende der Gefahr warten, weil sie mit den dortigen Lebensverhältnissen vertraut sind. Es ist nicht ausgemacht, dass es für Flüchtlinge immer das Beste ist, wenn sie über tausende Kilometer in eine ihnen fremde Kultur verpflanzt werden. Mit dem Geld, das wir für einen Migranten bei uns ausgeben, könnten in Herkunftsnähe fünfzig Personen unterstützt werden. Als Rohingya dieses Jahr aus Burma flohen, hat ein deutscher Politiker gefordert, sie nach Deutschland zu holen. Die Forderung verhallte weithin ungehört, zu Recht. Die Rohingya selbst wollen gar nicht in die ferne Fremde, sondern unbedroht nach Hause.

Auch der Migrationsstrom von 2015/16 nach Europa war gar nicht direkt durch Bürgerkrieg ausgelöst worden. Die Flüchtlinge kamen überwiegend aus Lagern in sicheren Nachbarländern. Da einige reiche Länder ihre Beiträge für das UN-Flüchtlingshilfswerk, das die dortigen Lager unterhält, nicht geleistet hatten, mussten die Nahrungsmittelrationen von einem Dollar auf 50 Dollar-Cent pro Person und Tag halbiert werden. 50 Dollar-Cent! Das löste den Flüchtlingsstrom aus, verstärkt durch die durchgestochene Nachricht, dass Deutschland syrische Flüchtlinge wegen des großen Andrangs vorübergehend ohne Einzelfallprüfung aufnimmt. Das erinnert an den Februar 1990, als Leipziger Demonstranten drohten: »Kommt die D-Mark, bleiben wir, kommt sie nicht, gehen wir zu ihr.« Nicht der niedrige Lebensstandard, nicht einmal das Leben in einem Flüchtlingslager allein löste jene Massenmigration aus, sondern Hoffnungslosigkeit, von einigen reichen Ländern leichtfertig in Kauf genommen – und Übererwartungen an Deutschland. Deutschland entlastet durch die Aufnahme die Länder an der Außengrenze der EU. Es ist aber ein Missstand erster Ordnung, dass es dafür bisher keine einvernehmliche gesamteuropäische Lösung gibt.

2015 haben viele die Flüchtlinge mit dem Argument begrüßt, sie würden das demographische Ungleichgewicht ausgleichen und den Mangel an Arbeitskräften. Wir brauchen doch junge Familien mit Kindern, die später unsere Rente bezahlen. Durch Zuwanderung werde unsere Gesellschaft zudem bunter. Dass die Erwartungen an eine schnelle Integration in den

Arbeitsmarkt bisher weitgehend enttäuscht wurden, wurde bereits festgestellt. Ohnehin sind das Gesichtspunkte, die zwar bei Einwanderern berechtigte Argumente sind, aber für das Bleiberecht von Asylsuchenden und Flüchtlingen keine Rolle spielen dürfen. Wenn suggeriert wird, die Aufnahme der Flüchtlinge würde sich für uns lohnen, ist das eine schäbige, unwürdige Haltung, die sich nicht an der Menschenwürde der Flüchtlinge orientiert. Denn wenn es sich nicht lohnen würde, was dann? Wohlgemerkt: Das Gute darf sich auch lohnen, es ist aber nicht deshalb gut, weil es sich lohnt. Schön, wenn die Flüchtlinge uns nützen. Und wenn nicht, schützen wir sie dennoch. Die vielen ehrenamtlichen Helfer, die sich für die Ankommenden engagieren, denken dabei mit Sicherheit nicht an die Sicherung ihrer Rente. Sie fragen nicht, ob sich ihr Engagement für sie selbst lohnt, sondern wollen Menschen in Not oder doch in Schwierigkeiten helfen. Sie sind moralisch jenen Nützlichkeitsrechnern weit überlegen. Den Bedarf an Arbeitskräften durch Flüchtlingsströme statt durch regulierte Einwanderung regeln zu wollen, ist moralisch verwerflich. Dazu ist der Flüchtlingsschutz nicht da. Wir nehmen Flüchtlinge auf, um sie zu schützen. Und Einwanderer nehmen wir auf, damit beide Seiten davon profitieren.

Dass die Gesellschaft durch Zuwanderung bunter werde, ist wohl nicht unbedingt falsch, übertönt aber, dass sie außerdem auch konfliktreicher wird, weil starke Zuwanderung bei vielen Ängste auslöst und die Fremdenfeindlichkeit fördert; zudem bringen die Zuwanderer verschiedenster Herkunft viel Konfliktpotential mit. Ausländer sind für andere Ausländer nämlich auch Ausländer. Deshalb gibt es nun neben dem Fremdenhass von Einheimischen gegen Migranten zusätzlich den Hass von Migranten auf Migranten. Und es gibt den Hass von Migranten gegen »den Westen«, in den sie trotzdem unbedingt kommen wollten. Das ist sehr schwer zu verstehen. Kein einziger Hugenotte, Herrnhuter oder Vertriebener ist in zwei- bis dreihundert Jahren je auf die Idee gekommen, möglichst viele Unschuldige seines Gastlands umzubringen. Gegen solche Feststellungen wird oft entgegnet, man dürfe die Flüchtlinge nicht unter Generalverdacht stellen. Das tue ich auch nicht. Aber die amtliche Angabe, dass 750 sogenannte »Gefährder« unter Beobachtung stehen, beunruhigt ganz zu Recht. Voriges Jahr waren es noch 500. Namentlich muslimische Einwanderer (nein, nicht alle, aber leider nicht wenige!) bringen Überzeugungen und Üblichkeiten mit, die wir doch nicht unter der Überschrift »bunt« oder »Vielfalt« begrüßen. Beispiele sind Polygamie, die Praxis der Ehrenmorde, die Genitalverstümmelung von Mädchen und viele Vorschriften aus der Scharia. Und sie kommen nicht zu uns mit der Absicht, diese ihre Überzeugungen und Üblichkeiten abzulegen. Bei solchen Punkten kann auch nicht die Rede davon sein, dass wir mit den Migranten einen neuen gesellschaftlichen Konsens »aushandeln« müssten, zu dem sich jede Seite hinbewegen müsse. Wer zu uns kommt, muss sich nach unseren Regeln richten – oder er muss gehen. RS

## Dritte These:

# Aufnahmelager sind nicht unbarmherzig

**A**ls die DDR-Bürger in den Westen flohen, mussten sie dort zunächst in einem Aufnahmelager den bundesdeutschen Behörden über ihre Identität und ihre Fluchtgründe Auskunft geben. Dabei spielten auch Sicherheitserwägungen eine Rolle. Man wollte vermeiden, dass östliche Spione als vorgebliche Flüchtlinge einwanderten, was aber bekanntlich trotzdem geschah. Zudem waren die Geheimdienste, auch die alliierten, an Informationen aus der DDR interessiert. Solche Informationen wurden erbeten, mussten aber nicht geliefert werden. Die wohl bekanntesten Lager waren das »Notaufnahmelager Marienfelde« (Berlin-West), heute Gedenkstätte, und das »Grenzdurchgangslager Friedland«, das bis heute der Erstaufnahme von Spätaussiedlern dient. Seltsamerweise hat man für Migranten aus ferneren Ländern solche Aufnahmelager nicht eingerichtet. Dabei werden verschiedene Gründe eine Rolle gespielt haben. Solange nur wenige solcher Migranten kamen, erschienen wohl Aufnahmelager als übertriebener Aufwand. Als aber die große Wanderung 2015 stattfand, hat man wohl die Neueinrichtung solcher Lager der Bilder wegen gescheut. Manche haben auch ausdrücklich gegen solche Vorschläge eingewendet, dass sich das für Deutschland aufgrund seiner belastenden Geschichte verbiete. Über die Frage der unschönen Bilder von Lagern mit Hunderten von Zelten oder Containern kann man aber auch anderer Meinung sein: Dass sie nämlich gerade nicht vermieden werden sollten, damit jeder sieht, was gerade geschieht. Wer solche Bilder vermeiden wollte und zur Unterdrückung oder Abwiegelung von Informationen, die auf Migranten ein schlechtes Licht werfen, neigt, begründet das damit, dass man den Ausländerfeinden und dem Fremdenhass keine Nahrung geben möchte. Aber Ausländerfeinde und Fremdenhasser sehen sich doch bestärkt, wenn sie nachweisen können, dass bestimmte Vorkommnisse kleingeredet, verschwiegen oder schöngeredet werden. Der kontaminierte Ausdruck »Lügenpresse« bekommt ein Körnchen Wahrheit, wenn viele Menschen die Sorgen und Probleme, die sie mit einer solch massiven Zuwanderung verbinden, in den Medien – und im Bundestag! – kaum oder gar nicht angesprochen finden. Der Vorwurf, wer den Flüchtlingsstrom kritisch sehe, werde sogleich in die rechte Ecke gestellt, wenn nicht gar als Rassist oder Nazi beschimpft, ist nicht erfunden. Das kam und kommt oft vor. Einen humanen Umgang mit denen, die nun zu uns gekommen sind, kann man aber ohne Ehrlichkeit und Wahrhaftigkeit nicht wirklich fördern. Wir müssen Schwierigkeiten benennen,

Probleme offen ansprechen und neue wirksame Lösungen für Probleme suchen, die in dieser Ausnahmesituation unerwartet auftreten. Es braucht eine neue Ehrlichkeit! Die Überzeugung, man dürfe der Bevölkerung nicht den reinen Wein der Tatsachen einschenken, weil sie dann ausraste und kopflos, wenn nicht gar gewalttätig reagiere und pauschalisiere, beruht auf Volksverachtung und moralischer Überheblichkeit. Es fällt auch niemandem ein Stein aus der Krone, wenn er heute erklärt, er hätte sich 2015 vieles viel einfacher, schöner und harmonischer vorgestellt. Ich selbst habe seit Oktober 2015 auf die anstehenden Probleme öffentlich aufmerksam gemacht. Die häufigste Reaktion war: Sie sind ein Schwarzseher, ein Pessimist. Wir sind ein reiches Land und die Flüchtlinge sind doch dankbar, integrationswillig und eifrig bemüht. 2015 gab es eine seltsame Euphorie, die die Ankommenden selbst gar nicht gründlich wahrnahm. Als hätte jemand den Slogan ausgegeben: »Wir bekommen Menschen geschenkt« – als handle es sich um Weihnachtspakete.

Da man Lager vermeiden wollte, wurden die Ankommenden möglichst schnell in der Fläche verteilt, ehe sie korrekt erfasst waren. Das ist ein Missstand, der unbedingt beendet werden muss. Die korrekte Erfassung der Personalien ist von sehr vielen Migranten auf

Anweisung der Schlepper bewusst erschwert worden, indem sie ihre Pässe entweder vernichtet oder versteckt haben oder gefälschte Pässe vorlegen, um ihre Identität zu verschleiern und eine Abschiebung bei Ablehnung des Aufenthaltsantrags zu erschweren. Während jeder deutsche Staatsbürger sich auf Anforderung der Behörden mit Dokumenten ausweisen muss, hat man lange hingenommen, dass Migranten die Feststellung ihrer Identität behindert und die Behörden durch Falschangaben bewusst in die Irre geführt haben. Nur zu gern haben viele geglaubt, dass die Migranten bei ihrer Flucht doch nicht an ihre Pässe gedacht haben. Aber vor allem Syrer kamen aus sicheren Lagern zu uns, in denen ihnen Papiere ausgestellt worden waren. Fast alle haben Handys mit, aber nur diejenigen, die bei uns ein Studium fortsetzen wollen, haben von allen nötigen Dokumenten Fotos im Mobiltelefon mitgebracht.

Erst durch die Erfassung biometrischer Daten kann nun das Verwirrspiel mit falschen oder auch Mehrfachidentitäten nach und nach beendet werden – hoffentlich.

2015 wurde die Besorgnis geäußert, unter die vielen vorläufig registrierten Migranten könnten sich auch Terroristen mischen. Ich habe noch im Ohr, wie manche in Talkshows das als alberne Einbildung zurückgewiesen haben: »Die fliehen doch vor den Terroristen, wie können sie dann selbst Terroristen sein?«, hieß es. Inzwischen haben wir schlimme Terrorakte erlebt von Terroristen, die als Flüchtlinge getarnt kamen.

Der Gedanke von Aufnahmelagern ist wohl auch verworfen worden, um vor allem den syrischen Migranten von Anfang an angenehmere Lebensverhältnisse anzubieten, als sie sie in den herkunftsnahen Lagern erlebt hatten. Diese menschenfreundliche Willkommenskultur hat Deutschland viele Sympathien eingebracht. Sie war aber auch etwas blauäugig: Am besten wäre es, wenn die Ankommenden bis zur endgültigen Entscheidung über ihren Status im Aufnahmelager verbleiben. Wenn sie gerichtlich Einspruch gegen eine Ablehnung erheben, würde sich der Aufenthalt im Aufnahmelager bis zur Entscheidung verlängern. Aus diesem Grunde ist es sehr wünschenswert, wenn die Entscheidungen zügig erfolgen. Bei ablehnendem Bescheid sollte vom Aufnahmelager aus die freiwillige begleitete Rückkehr oder die Abschiebung erfolgen. Nur so kann der unerträgliche Missstand beendet werden, dass etwa die Hälfte der Anträge auf Aufenthaltstitel abgelehnt, aber kaum jemand abgeschoben wird. Das ist im Übrigen auch überhaupt nicht gerecht: Wer sich bis zu uns durchgeschlagen und genug Geld hat, zudem kräftig ist und deutsche Behörden am besten austricksen kann, wer bei Aufforderung das Land zu verlassen, untertaucht, der bleibt am Ende. Wer dagegen so dumm ist zu glauben, ein Nein deutscher Behörden bedeute auch Nein und tatsächlich seine Koffer packt, ist der Ehrliche und wirklich sprichwörtlich der Dumme.

Bei nicht wenigen Migranten genießt der deutsche Staat deshalb wenig Respekt. Das ist nicht ungefährlich. Wir sind – nicht für Migranten aus Europa, wohl auch nicht für Migranten aus Fernost, aber wohl vor allem für Migranten aus islamischen und wiederum besonders aus arabischen Ländern – fremde Exoten. Wir werden getestet: Wenn es gelingt, uns übers Ohr zu hauen, freut man sich über den Gewinn und verachten zugleich den Trottel, der das nicht gemerkt hat. Ich finde diese Haltung sogar sympathisch. Man testet uns. Anstößig finde ich, dass wir den Test so oft nicht bestehen, uns für dumm verkaufen lassen und diese Dummheit womöglich noch Nächstenliebe nennen. Wenn sich die Güte nicht mit Wachsamkeit und Strenge paart, verlieren wir und der Staat den Respekt. Integration wird nicht gelingen, wenn wir Migranten nur mit Nachsicht überschütten. Fördern und Fordern sagt sich leicht, muss aber zusammengehen. Wer dem Integrations- und Sprachkurs verschuldet fernbleibt, muss das zu spüren bekommen. Ob dann die Geldzahlungen gekürzt oder auf Sachleistungen umgestellt werden oder andere Unannehmlichkeiten denkbar sind, sei dahingestellt. Folgenlose Integrationsverweigerung bedeutet, dass wir den Test nicht bestehen.

Das Selbstbild mancher jungen Männer spielt dabei übrigens eine unglückliche Rolle. Sie werden ja oft wie kleine Prinzen erzogen und im Falle des Todes ihres Vaters auch traditionell Vormund ihrer Mutter. So hoch angebundener Stolz und so hohe Ehrbegriffe vertragen sich gar nicht mit der Erfahrung, im Berufsleben und beim Sozialprestige sich ziemlich nahe an der unteren Grenze wiederzufinden. Solche Erfahrungen werden dann oft der Mehrheitsgesellschaft angelastet, mit dem Vorwurf, man verweigere ihnen die gebührende Achtung. Aber wer mit dem Anspruch auftritt, den anderen überlegen zu sein, trägt selbst die Hauptschuld an der Enttäuschung, die solcher Selbstüberschätzung folgt. Bei fernöstlichen Migranten, so scheint mir, begegnet uns dieser Habitus fast nie, dafür aber überdurchschnittlich oft ein Bienenfleiß, der zu schulischen Spitzenleistungen führt und angespornt wird durch die Überzeugung, dass sie sich durch Anstrengung hocharbeiten müssen. Auf solche Beobachtungen wird oft entgegnet, dass das unzulässige Verallgemeinerungen seien. Ich entgegne: Das sind Beobachtungen über Häufigkeiten.

Es sind nicht alle Menschen gleich, nicht im Sinne von Herkunft, Prägung und anderen Dingen. Die Gleichheit soll sich auf die Rechte beziehen. Wenn wir Beobachtungen wie oben bei Migranten aus islamischen Ländern machen, soll das auch nicht heißen, dass wir »den Islam« als Religion dafür verantwortlich machen, den es im Singular ja gar nicht gibt, sondern jahrhundertealte kulturelle Prägungen – egal, worauf die zurückzuführen sind. Wir sollten uns zugleich solche Beobachtungen nicht durch Androhung des Holzhammers »Islamophobie« ausreden lassen.

Wir sind an einem sehr brisanten Punkt angelangt, dem Verhältnis zwischen Barmherzigkeit auf der einen Seite und der Gerechtigkeit auf der anderen Seite. Das ist zugleich die unaufhebbare Spannung zwischen dem individuellen Impuls, Menschen in Not oder Bedrängnis jedenfalls helfen zu wollen und den begrenzenden Bedingungen staatlichen Handelns.

Barmherzigkeit ist ein Affekt, ein humaner und höchst erfreulicher, nämlich, dem Wortsinn folgend, ein Herz haben für die Armen und Elenden, lateinisch miseri-cordia. In unserer Tradition steht dafür der barmherzige Samariter (Lukasevangelium 10,25). Zwischen Jericho und Jerusalem war jemand unter die Räuber gefallen, erzählt Jesus. Ein Priester kam vorbei und ein Levit. Sie schauten weg. Aber ein Samariter (für Juden ein Ketzer) erbarmte sich, versorgte seine Wunden, brachte ihn in ein Gasthaus und bezahlte die Pflegekosten. Dem Barmherzigen geht die Not des Elenden zu Herzen, er fragt nicht viel und hilft. Der Gegensatz zu diesem barmherzigen Herzen ist das kalte oder steinerne Herz. Barmherzigkeit hat ihren Ort in erlebbaren Nahbeziehungen (oder in erlebbar gemachten Fernbeziehungen). Es kann davon nie genug geben. Und sie darf unbekümmert einseitig und parteilich sein für die Notleidenden.

Gerechtigkeit ist ursprünglich eine Tugend oder Verhaltensweise: Gleiches gleich behandeln, und zwar nach allgemeinen Regeln. Barmherzig sein ist zumeist einfacher als gerecht sein. Wäre der barmherzige Samariter auf mehrere Elende gestoßen, wäre er mit dem Gerechtigkeitsproblem konfrontiert worden, wen er mitnehmen kann und wen er zurücklassen muss, da er nur ein Reittier hatte. Unter Bedingungen der Knappheit entstehen zwangsläufig Gerechtigkeitsprobleme. Wo sie auftreten, lassen sich nie alle Erwartungen erfüllen. Das ist unangenehm und deshalb ist die Perspektive der Barmherzigkeit beliebter, besonders dann, wenn der Staat zahlen soll. Nur: Einzelne können barmherzig sein, auch Institutionen, die sich dem verschrieben haben. Der Staat aber darf nicht barmherzig sein, weil er gerecht sein muss. Er muss nach Regeln verfahren und die Folgen bedenken. Wenn er Ausnahmen machte, wäre er korrupt. Denn Korruption ist ja nichts anderes als die vorteilhafte Ausnahme für wenige auf Kosten der Allgemeinheit. Daraus folgt: Bei jeder Regelung zur Migration, die Gerechtigkeit anstrebt, wird es immer auch Härten, Enttäuschungen und unerfüllte Erwartungen geben.

Es gibt hier viele Schicksale, die das mitfühlende Herz rühren, aber keine Aufenthaltstitel rechtfertigen, weil entsprechende Regeln nicht möglich sind. Wer Haus und Hof verkauft hat, um die Schlepper zu bezahlen; wer sich auf Schlauchbooten im Mittelmeer der Todesgefahr ausgesetzt hat; wer unter Missernten leidet; wer sich vor der Rückkehr fürchtet, weil seine Großfamilie ihm vorhält, das Reisegeld verbrannt zu haben oder wer, ohne persönlich verfolgt zu sein, unter dem Leben in einer Diktatur leidet, hat dadurch keinen Aufenthaltstitel erworben und muss zurück, wenn das ohne Gefahr für ihn möglich ist. Das ist tragisch und das berührt zutiefst. Das Perfide daran: Viele wurden nicht selten in die Irre geführt, durch Versprechungen, die sich in dem Ausdruck »Willkommenskultur« bündeln. Dieser Ausdruck ist gefährlich! Weniger als die Hälfte derer, die Asylanträge stellen, bekommen auch ein Aufenthaltsrecht. Für die anderen war das »Willkommen« ein falsches Versprechen. Es hätte heißen müssen: »Wir bedauern, dass ihr fliehen musstet und bieten euch gern Schutz und Hilfe für die Zeit, die ihr hier seid. Ob ihr dauerhaft bleiben dürft, entscheiden aber die Behörden und hoffentlich schnell.« Und wir sollten diejenigen, die kein Aufenthaltsrecht erwerben können, möglichst davon abschrecken, ihr Geld an Schlepper zu verschwenden. Das mag absurd klingen, doch man muss feststellen: Abschreckung kann human sein. Ein Chefredakteur hat erklärt, Abschiebungen dürften nicht durch Bilder dokumentiert werden, da das die Menschenwürde der Abzuschiebenden verletze. Aber wenn nicht im Bild gezeigt wird, was geschieht, wird auch nicht geglaubt, dass es geschieht.

Bei denen, die zurückgeschickt werden, wären Werke der Barmherzigkeit sehr hilfreich, für einen Neustart und zur Versöhnung mit der Großfamilie, für die die Rückkehr eine Fehlinvestition darstellt. Noch besser wären begleitende Patenschaften. Die finanzielle Unterstützung muss aber spürbar niedriger als die Schlepperkosten sein, denn sonst wird die versüßte

Ablehnung für andere ein weiteres Motiv, sich auf die Reise zu begeben. Es wäre deshalb viel gewonnen, wenn Barmherzigkeit und Gerechtigkeit sich angemessen ergänzen und begrenzen.

Hierher gehört noch ein weiteres sehr heikles Thema, das Kirchenasyl. Kirchenasyl im wörtlichen Verständnis gibt es allerdings bei uns gar nicht. Weder Kirchen noch Kirchengemeinden haben ein eigenes Recht, Asyl zu gewähren. Kirchengebäude sind auch keine sakrosankten Tempel, die nur Priester betreten dürfen und wer sonst in sie flieht, wird Eigentum des Gottes, wie alte Tabu-Vorstellungen besagen. Der Ausdruck Kirchenasyl wird blumig-poetisch dafür gebraucht, dass Kirchengemeinden Migranten aufnehmen, denen Abschiebung droht. Sie verlangen eine erneute Überprüfung des Falles, weil sie vermuten, die Ablehnung sei ungerechtfertigt erfolgt. Da in Deutschland ein partnerschaftliches Verhältnis zwischen Staat und Kirche besteht, kommen die Behörden der Bitte um nochmalige Überprüfung nach. Es gibt derzeit nach verschiedenen Angaben etwa fünfhundert oder tausend Fälle. Dieses Entgegenkommen der Behörden beruht auf zwei Bedingungen: dass die Aufnahme von Migranten nicht heimlich geschieht und dass das Ergebnis der nochmaligen Überprüfung dann auch akzeptiert wird. Denn grundsätzlich ist die Vereitelung staatlichen Handelns, hier also einer Abschiebung, natürlich strafbar.

Es gibt in diesem Zusammenhang zwei bedenkliche Tendenzen. Vereinzelt behaupten Christen, indem sie Kirchenasyl gewähren, würden sie einem höheren Recht, nämlich Gottes Willen folgen. Manchmal wird die Clausula Petri zitiert und im Bezug auf die Apostelgeschichte 5,29 behauptet, man müsse Gott mehr gehorchen als den Menschen – ein Gedanke, den man übrigens schon bei Platon in der Apologie des Sokrates findet. Allerdings schützt die Clausula Petri vor Strafe nicht: Petrus war verhaftet. Ihm wurde die Freilassung angeboten, allerdings hätte er dafür versprechen müssen, nicht mehr zu predigen. Petrus lehnte ab und wurde bestraft.

Wer sich beim Kirchenasyl auf ein höheres Recht beruft, kann ebenfalls keine Straffreiheit verlangen. Wer sich hier auf höheres Recht beruft, würde der christlichen Unterscheidung zwischen Gott und Kaiser, zwischen Kirche und Staat widersprechen.

Die andere bedenkliche Tendenz betrifft die zunehmende Anzahl von Fällen, bei denen Migranten gar nicht in ihr Herkunftsland abgeschoben werden sollen, sondern ihr Antrag auf Asyl in einem anderen europäischen Land abgelehnt worden ist. Daraufhin sind sie vor der Abschiebung nach Deutschland geflohen und sollen nun durch »Kirchenasyl« davor geschützt werden, gemäß den Dublin-Vorschriften in das europäische Land abgeschoben zu werden, in dem sie Asyl beantragt hatten. Deutsches Kirchenasyl als Oberaufsicht über die Rechtsstaatlichkeit unserer Nachbarn, die dasselbe EU-Recht anwenden, sozusagen als selbsternannte Berufungsinstanz neben den dortigen Rechtswegen, das steht uns nicht zu. Und Tricksereien, durch die man künstlich die Sechsmonatsfrist verstreichen lässt, in der die Rückführung erfolgen muss, um so ein Bleiberecht in Deutschland zu erzwingen, zerstören das Wohlwollen, auf dem das »Kirchenasyl« beruht, und gefährden so die Möglichkeit, in Einzelfällen zu helfen.

RS

**Vierte These:**

# Das Staatsgebiet ist »Schauplatz der staatlichen Herrschaft«[1]

Auf den ersten Blick mutet es wie ein Stück aus dem Tollhaus an: Ausgerechnet Ostdeutsche, vor nahezu drei Jahrzehnten erfolgreiche Erstürmer tödlicher Grenzen, plädieren heute für die Einhaltung europäischer Schranken? Der »Eiserne Vorhang[2]« trennte Deutsche von Deutschen, sperrte die Ostdeutschen in Unfreiheit ein, war staatlicher Terror. Auf die Überwindung der Terrorlinie stand die Todesstrafe. Die Kommunisten schützten die Unfreiheit vor der Freiheit von außen und vor der Freiheitsbewegung von innen. Gefängnisgrenzen dieser Art haben letztlich niemals und nirgendwo eine Bestandsgarantie!

Die EU-Außengrenze ist dagegen eine Sicherheitsgarantie für die freien Bewohner Europas, ein Schutz vor der Unfreiheit in Nachbarstaaten und gleichzeitig eine Kontrollgrenze. Die Europäische Union muss wissen, wer in ihr lebt, wer kommen darf und wessen Platz hier nicht sein kann. Die Mitgliedsstaaten haben die Pflicht zur Wahrung der Staatlichkeit, auch der eigenen Sozialstaatlichkeit. Das bedingt die Pflicht einer Kontrolle der eigenen Außengrenzen. Dabei gilt: Eine binnengrenzenlose Union gibt es nur im Gegenzug zu sicheren Außengrenzen der gesamten Union.

Europa wird immer das Europa seiner unterschiedlichen Nationen sein, und es steht zu hoffen, dass sich jeder Deutsche, Franzose, Däne, Italiener, Pole, Ungar, Slowake zunehmend auch als Europäer sieht. Für viele Menschen gilt das bereits jetzt. Eine kollektiv erlebte Sicherheit und ein damit in Zusammenhang stehender gemeinsam erlebter Schutz werden hoffentlich der Beförderung einer europäischen Identität bei Wahrung der eigenen Wurzeln förderlich sein. Um eine Weltgemeinschaft im Sinne eines partnerschaftlichen Miteinanders aller Staaten werden zu können, sollten wir uns jedoch zuerst um das gedeihliche Werden unserer europäischen Familie kümmern!

Untrennbar verbunden mit der Erweiterung der Europäischen Union war immer die Zusicherung der EU-Außengrenzsicherung durch die jeweiligen neuen Mitgliedsstaaten. Mitglied konnte nur werden, wer auch diese Aufgabe wahrnehmen wollte. Dieses nicht genügend kontrolliert zu haben, das ist eines der schwereren Vergehen der Brüsseler Wohlfühl-Organisatoren. 2015 und in den Folgejahren wäre uns diese Unterlassung beinahe zum Verhängnis geworden.

Die Frage nach den Grenzen hat aber noch weitere Bedeutungen, zum Beispiel für das Funktionieren, ja das Existieren des »Sozialstaats«. Der Sozialstaat ist »ein Staat, der sich um soziale Gerechtigkeit bemüht und sich um die soziale Sicherheit seiner Bürgerinnen und Bürger kümmert. Das Grundgesetz legt fest, dass die Bundesrepublik Deutschland ›ein demokratischer und sozialer Bundesstaat‹ ist (Art. 20 GG)«[3]. Nicht erwähnt wird in diesem Grundgesetzartikel, dass ein funktionierender Sozialstaat seines eigenen und klar definierten Staatsgebietes bedarf. Er organisiert diverse Versicherungen wie Kranken-, Renten-, Arbeitslosen-, Pflege-, Unfallversicherungen, sozialstaatliche Fördermaßnahmen, ein hohes Maß an Steuer- und Abgabengerechtigkeit, Kindergeld, Wohngeld, weitere soziale Leistungen wie Umschulungen, sozialen Wohnungsbau, kostenlosen Besuch in staatlichen Schulen und Universitäten und viele Dinge mehr. Dieses hochkomplexe Gefüge wiederum ist zwingend an den Staat in dessen klaren Grenzen gebunden, denn: Keine oder unkontrollierte Grenzen lassen die Ausgaben explodieren und die Einnahmen weit unter einem unbekannt hohen Bedarf stagnieren. Die innerstaatlich definierte Zahl an Steuer- und Sozialabgabenzahlern müsste unbegrenzt in Haftung genommen werden. Eine Demokratie kann das bei Strafe ihrer Abwahl und ihres Untergangs nicht organisieren. Sozialstaaten können hilfsbedürftigen Regionen und Ländern helfen, aber nur in den Maßen, die zwischen den Regierungen und den Regierten beständig demokratisch ausgehandelt werden. Das letzte Wort spricht immer der Souverän in Wahlen. Gewählte sollten das tunlichst im Hinterkopf haben.

Verflüchtigt sich der Sozialstaat bei Grenzenlosigkeit, so kollabiert die innere und äußere Sicherheit eines dann grenzenlosen Staates rasant, und er wird zum Freiheits- und Sicherheitsrisiko nicht nur für seine eigenen Bürger. Grenzenlose Staaten sind hilflos wirkende Staaten und damit nicht vor dem Chaos geschützt. Sie verstärken noch das weltweite Elend. Und vor genau so einer durch deutsche Schuld desolat erscheinenden Europäischen Union rissen 2016 die Briten und in gewisser Weise auch die Trump-Wähler aus. Deshalb: Ein sicheres Europa freier Bürger ist keine Bedrohung für die Nachbarn. Tun wir alles dafür, dass Europa in seinen Grenzen frei bleibt! Grenzen, die den für Diktaturen typischen Schusswaffengebrauch nicht kennen dürfen. Der Schutz Europas ist ein unmissverständlich zivilisierter Schutz!

Blicken wir dabei noch einmal kurz zurück: Am 9. November 1989 stürzten die Ostberliner die Mauer in den freien Teil Berlins. Der mörderische »Antifaschistische Schutzwall« wurde zur erbärmlichen Geschichtsnotiz. Vorausgegangen waren der Mauerbeseitigung ereignisreich angefüllte Monate mit dem Beginn des Grenzanlagenabbaus der Ungarn zu Österreich und Jugoslawien am 2. Mai 1989, der Ausreisewelle der Ostdeutschen und die Massendemonstrationen[4] in der gesamten DDR. Die Freiheit brach sich DDR-weit Bahn. Mit ihr kamen das Demonstrationsrecht, das politische Vereinigungsrecht und mit dem 9. November das allgemeine Reiserecht für die Ostdeutschen, wenig später das allgemeine, freie und geheime Wahlrecht. Gesichert hatten die Ostdeutschen diese frisch gewonnenen Rechte ein Jahr später mit ihrem Beitritt zur »Bundesrepublik Deutschland« und ihrem damit verbundenen »Eintritt« in die »Europäische Wirtschaftsgemeinschaft« sowie in die »NATO«.

Wie recht sie damit hatten, sahen sie im August 1991 bei dem glücklicherweise missglückten Putsch in der Sowjetunion. Ohne die vorherige Deutsche Einheit und im Falle eines erfolgreichen Moskauer Putsches wären sie wieder zu Gefangenen Moskaus geworden, hätten einen hohen (Blut-)Zoll gezahlt und vermutlich wären Putins Truppen heute in jeder Kreis- und Bezirksstadt der DDR solidarische Unterstützer einer MfS-restaurierten DDR. Ganz so, wie sich das Linksaußenpartei und AfD drei Jahrzehnte später mit einer Sympathie für Moskau (»Putin hilf!«-Rufe auf Pegida-Demonstrationen) noch immer zu wünschen scheinen.

Solchen Gefahren schob die freie Volkskammer am 23. August 1990 mit dem Beitritt zur Bundesrepublik[5] einen völkerrechtlich sauberen Riegel vor. Die Rückabwicklung der Demokratie von außen war nicht mehr möglich. Den Schlussakkord setzte dabei der endgültige Abzug der russischen Streitkräfte am 31. August 1994 hinter die polnische Ostgrenze – wir schulden den Polen deshalb sehr viel.

Auch den Westdeutschen sei allerdings Dank! Sie behielten den Grundgesetzartikel 23 bis 1990 bei und hätten sich der Ostdeutschen dadurch nicht einmal erwehren können – was sie allerdings auch gar nicht wollten. Im Gegenteil, die Westdeutschen waren glückliche Beitritts-Zulasser, was sich zum Beispiel gut an der »Rauswahl«[6] der Grünen nach ihrer antideutschen Wahlkampagne am 2. Dezember 1990 ablesen lässt. Der folgende Solidarpakt, die Milliardentransfers, hätten ohne die staatliche Einheit auf dem Boden des Grundgesetzes in den Grenzen der Bundesrepublik keine Legitimität besessen, die Transfers hätte es nicht geben können. Das war das Glück der Ostdeutschen, Westdeutschland beitreten zu können. Die Polen oder Ungarn konnten da nur traurig zuschauen. Einem Westpolen oder Westungarn beizutreten, war ihnen nicht möglich.

Die Weltkriegssieger und Nachbarn nahmen die »Zwei-plus-Vier-Verhandlungen«, friedensvertraglich geregelt und völkerrechtlich gesichert, an. Die Anerkennung der vorher bestehenden Grenzen war die grundlegende Voraussetzung der Überwindung derselben. Keine staatlichen Grenzen, keine verhandlungsfähigen Staaten als Völkerrechtssubjekte. Staaten ohne Grenzen mögen für manche Zeitgenossen Charme besitzen, wirklich handlungsfähig sind sie nicht. Möge die Völkergemeinschaft vor grenzenlosen Staaten oder Staatengemeinschaften immer behütet sein.

Dieser Exkurs in die jüngere innerdeutsche Geschichte, deshalb war er hier auch nötig, streift ständig die völkerrechtlich determinierten Grundsätze von Staat, Staatsvolk, staatlicher Souveränität, Sicherheit durch und in nationalen und übernationalen Grenzen. Die KSZE-Schlussakte von Helsinki 1975, der Mittel-Ost-Europa auch seine Freiheit von 1989 verdankt, wäre ohne diese allgemein völkerrechtlich anerkannten Grenzen so nicht denkbar gewesen. Staaten verhandeln untereinander auf der Grundlage des Völkerrechts und dazu gehört, dass Grenzen nur in beiderseitigem Einvernehmen und mit dem Einverständnis der Nachbarn geändert werden dürfen.

Die Deutsche Einheit von 1990 folgte diesen Prinzipien – die russische Annexion der Krim 2014 zum Beispiel verletzte dagegen das Völkerrecht eklatant: Weder wurden alle Ukrainer gefragt, noch deren Nachbarn. Die russische Invasion in der Ukraine verletzt fortgesetzt deren Grenzen und destabilisiert die Ukraine schwer. Hätte die Ukraine 1994 zum Zeitpunkt ihrer Unterschrift unter das »Budapester Memorandum« in die Glaskugel schauen können, die vormals sowjetischen und nun faktisch ukrainischen Atomwaffen wären sicher nicht nach Russland abgegeben worden. Stattdessen wären diese Atomwaffen die ukrainische Garantie für die Unversehrtheit ihrer Grenzen bis heute geblieben. Krim-Annexion und Ukraine-Krieg Russlands würde es nicht geben. Die Ukrainer waren Russland gegenüber zu vertrauensselig und verschenkten 1994 den Schutz ihrer Souveränität. Das zeigt, dass die eigenen Grenzen der eigenen Sicherheit nach innen wie nach außen dienen. Auf eigene Grenzen darf nur verzichten, wer sich sicher ist, das Projekt mit gleichgesinnten Freunden teilen zu können und mit denen gemeinsame Außengrenzen zu markieren, zu errichten und zu verwalten.

Von Randgruppen abgesehen wollten die meisten Ostdeutschen 1989/90 zu keinem Zeitpunkt die Abschaffung von Staatlichkeit und den Verzicht auf deren Kontrolle an den Grenzen. Sie wollten eine freie und demokratische Staatlichkeit analog der ihrer Brüder und Schwestern im Westen des gemeinsamen freien Vaterlandes inmitten eines freien Europas. Am besten mit jenen zusammen in einem freien, demokratischen, sicheren und sich selbst und im Verbund mit Freunden schützenden Gemeinwesen.

In diesem gemeinsamen Staat leben nun alle ehemals West- und Ostdeutschen zusammen – und verstehen einander manchmal noch immer nicht. Oder hat sich hier etwas getan? Das Thema »Sozialstaat versus unkontrollierte Zuwanderung« lässt nicht nur Ostdeutsche den Kopf schütteln. Im Gegenteil, die Zahl der besonders zuwanderungskritischen Wähler am 24. September 2017 lag in den alten Bundesländern bei zwei Dritteln, bezogen auf das Gesamtergebnis der AfD[7]. Eine Betrachtung, die vor dem Hintergrund der, gemessen an den Bevölkerungszahlen, erreichten Prozente der Rechtsaußenpartei in Ostdeutschland nicht en vogue erscheint. Tatsache ist sie dennoch.

Es war in 2017 mit Aydan Özuguz keine naive Frau, die den Deutschen ins Stammbuch schrieb, eine spezielle deutsche Kultur gäbe es nicht. Nein, von der Integrationsbeauftragten der Bundesregierung stammte diese Botschaft! Die Frau zerstörte mit diesem Satz viel Vertrauen in das große Wort von der Integration. Die Frage stellte sich sofort und laut: Wer soll eigentlich wohin integriert werden? Die Worte der faktisch Des-Integrationsbeauftragten lassen nur den Schluss zu: Die Deutschen haben sich an die Zugewanderten anzupassen, werden aber dazu nicht befragt. Nach der These der Integrationsbeauftragten scheinen die Deutschen zur Anpassung beste Voraussetzungen zu bieten, da ihnen eine eigene Kultur ohnehin gänzlich abginge, sie ohne Zweifel damit wie eine unbeschriebene Matrix andere Kulturen glücklich aufnehmen könnten.

Die Integrationsbeauftragte hätte vor ihrem Urteil über die Deutschen und deren fehlender Kultur ihre Verwandten befragen sollen, ob es eine türkische Kultur gibt. Oder besser nicht? Das Beispiel ließe sich jedenfalls beliebig auf alle anderen Nationen dieser Erde anwenden. Nirgendwo würde die Aussage bestätigt, man besäße keine eigene, spezielle Kultur.

Aber was ist denn nun die spezielle deutsche Kultur? Das ist in der Tat schwierig zu definieren. Fragen wir doch unsere Nachbarn in Europa und in der Welt nach dem, was sie uns als »typisch deutsch« ans Revers heften würden. Sicher würden die Sekundärtugenden genannt werden, die seinerzeit Oskar Lafontaine Helmut Schmidt zum Vorwurf machte. Ob uns das nun passt oder auch nicht. Man ist nicht nur das, was man sein will. Man ist auch das, was man für andere ist.

Weiter sind, im Einklang mit den großen Dichtern und Denkern und dem, was die Deutschen selbst darunter verstehen, eine effiziente Wirtschaft und ein Sozialstaat zu den typisch deutschen Attributen zu zählen. Auch der Massenmord an den europäischen Juden dürfte als typisch deutsche Zuschreibung erwähnt werden, vielleicht sogar mit dem Verweis auf die angeblich deutsche »Perfektion«. Auch wenn fast niemand mehr von den Tätern aus der Nazizeit lebt: Für die wenigen noch heute unter uns befindlichen Opfer, für die Nachkommen der Ermordeten und vor der Weltgesellschaft stehen wir in der Verantwortung, solche Ungeheuerlichkeiten nie wieder und vor allem nie wieder in deutschem Namen zu verüben oder organisieren zu lassen. Auch dieser Wille gehört inzwischen zu »typisch deutsch«. Nicht bei allen Deutschen, doch bei den weitaus meisten, zum Glück.

Was Milliarden Menschen also möglicherweise unter »typisch deutsch« verstehen, wird so oder ähnlich zutreffen. Was allerdings nicht ausschließt, dass sich diese Zuordnungen auch sehr viele andere Gesellschaften weltweit anheften können. Vielleicht in einem anderen Mix, mit weiteren Zusätzen, vielleicht auch ganz anders kombiniert. »Typisch Deutsch« ist kein Monopol und schließt andere nicht aus.

Eines aber ist eine Nationalkultur mit Sicherheit nicht: auf Blut und Boden setzend! Die Menschen in ihren Eigenheiten, mit ihren Wurzeln, Erfahrungen, ihrer Sprache, Religion oder ohne Religion, das alles ergibt das Gemisch einer Bevölkerung und ihre Kultur. Der »Deutsche« vor dem Dreißigjährigen Krieg und der »Deutsche« von heute wären sich vielleicht nicht sehr ähnlich, vom gegenseitigen sprachlichen Nichtverstehen sicherlich ganz zu schweigen. Wer die Vielfalt auf dem Globus erhalten will, der sollte zwingend auf die Erhaltung Europas und Deutschlands achten! Das Nivellieren, das Verschwinden dessen, was Europa und Deutschland ausmacht, würde die Welt ärmer machen. Menschen zu helfen und die eigene Kultur zu bewahren, schließen sich nicht aus. Es muss Grenzen geben – innere wie äußere. GW

## Fünfte These:

# Wir dürfen die Kapazitätsgrenze nicht überschreiten

E in Indiz für die Überschreitung der Kapazitätsgrenze ist der Kontrollverlust über die Einwanderung. Sollte sich erneut diese Herausforderung ergeben, darf man nicht wieder aus Angst vor
unschönen Bildern die Erfassungsstandards senken,
sondern muss Lager errichten, in denen die Ankömmlinge bis zu ihrer korrekten Erfassung warten müssen,
wie bereits in der vierten These beschrieben.

Allerdings reicht es nicht, wenn Deutschland allein
handelt. Auf diesem Feld brauchen wir dringend europaweit einheitliche Regelungen. Die Datenerfassungs-
systeme müssen europaweit kompatibel und kommuni-
kationsfähig sein. Die Kriterien bei der Zuerkennung
von Asyl- und Flüchtlingsstatus müssen einheitlich
sein. Am besten wäre sogar ein einheitliches Aner-
kennungsverfahren durch EU-Beamte, um nationale
Unterschiede zu vermeiden. Schließlich müssen die
Versorgungsleistungen europaweit so angeglichen werden, dass sie nicht zu innereuropäischen Migrationen
außereuropäischer Migranten in das Land der größten
Vorteile führen.

Es hat sich gezeigt, dass die Emotionen, die dieses
Thema westlich und östlich des ehemaligen »Eisernen
Vorhangs« auslöst, für viele überraschend stark diver-
gieren. Im Osten Europas werden Flüchtlingsquoten

aus Brüssel als Fortsetzung der sowjetischen Bevormundung gedeutet, gegen die die wiedergewonnene nationale Identität verteidigt werden soll. Im Westen Deutschlands wird das als verbohrter Nationalismus gebrandmarkt. Zudem spielen bei diesen Völkern im Osten schmerzliche Erinnerungen an den Imperialismus des Osmanischen Reiches eine gewichtige Rolle im nationalen Gedächtnis. Das alles sollte respektiert werden. Trotzdem müssen wir schließlich zu gemeinsamen Regelungen kommen. Dafür ist wohl einige Geduld notwendig.

Was allerdings kann gegen die Überschreitung von Kapazitätsgrenzen unternommen werden?

– Man kann die Ausreise und die Abschiebung Abgelehnter konsequenter durchführen.
– Die gerichtlichen Entscheidungen über Einsprüche gegen Ablehnungen – nunmehr klagen ja auch viele gegen den subsidiären Status, weil er derzeit Familiennachzug ausschließt – kann eventuell beschleunigt werden, indem die Gerichte in Fällen ohne besondere Komplikationen ohne mündliche Verhandlung entscheiden.
– Es können weitere Vereinbarungen mit den an die EU angrenzenden Ländern zur Verhinderung illegaler

Einreisen nach Europa getroffen werden, sofern in diesen Ländern die Menschenrechte der Migranten gewährleistet sind, am besten in Lagern, die das UN-Flüchtlingswerk (UNHCR) beaufsichtigt.

– Die europäischen Botschaften in den wichtigsten bisherigen Herkunftsländern der Migranten sollten Anträge auf Arbeitsvisa zur Entscheidung entgegennehmen, sofern die erforderlichen Voraussetzungen erfüllt sind.

Dagegen würde ein Einwanderungsgesetz zunächst nur den Vorteil einer besseren Gesetzessystematik bringen, indem alle Bestimmungen, die die Einwanderung betreffen, zusammengefasst werden. Eine erleichterte Einwanderung würde dadurch noch nicht geschaffen. Gesetzesänderungen, die die Einwanderung erleichtern, müssten weiterhin sicherstellen, dass Einheimische und EU-Bürger weiterhin den ersten Zugriff auf freie Stellen haben.                                    RS

## Sechste These:

## Familien gehören zusammen – aber nicht immer

eit der Bundestagswahl von 2017 wird darüber gestritten, ob Flüchtlinge ihre Familie nach Deutschland nachholen dürfen. Worum es dabei genau geht, ist aber offenbar vielen gar nicht klar. Es geht nämlich nicht um die Frage, ob anerkannte Flüchtlinge ihre Familien nachkommen lassen dürfen. Sie dürfen. Genauer: Ehepartner und unmündige Kinder von Flüchtlingen, die in Deutschland anerkannt sind, dürfen Familiennachzug beantragen. Ebenso dürfen die Eltern und unmündigen Geschwister unbegleiteter minderjähriger Flüchtlinge Nachzug beantragen. Das ist gar nicht strittig. Allerdings dürfen grundsätzlich nur die Genannten und nicht die Großfamilie Familiennachzug beantragen.

Der gegenwärtige Streit dreht sich also um diejenigen, denen der Flüchtlingsstatus von den Behörden nicht zuerkannt worden ist, weil sie nicht individuell verfolgt waren. Grundsätzlich müssen sie in ihr Herkunftsland zurück, bekommen aber den vorher bereits erwähnten subsidiären Schutz, solange sie bei der Rückkehr Gefahren für Leib und Leben ausgesetzt wären. Nach fünf Jahren kann Daueraufenthalt beantragt werden, sofern die Betroffenen ihren Lebensunterhalt selbst bestreiten. Die Frage ist nun, ob diese besondere Gruppe für die Dauer des subsidiären Schutzes ihre Familienangehörigen nachziehen lassen darf. Diese Möglichkeit ist ihr erst im August 2015 gesetzlich eingeräumt worden. Der Bundesinnenminister hat sie aber im März 2016 für ein Jahr ausgesetzt und dies 2017 um ein weiteres Jahr verlängert, bis März 2018. Nun wird gefordert, diesen Familiennachzug nicht noch einmal auszusetzen, weil dies die Integration erschwere.

Dass der Familiennachzug die Integration fördert, ist nur bedingt richtig. Es gibt ja die Erfahrungen mit dem Familiennachzug türkischer Gastarbeiter, die damals auf Dauer blieben. Bevor die Familie nachkam, haben die Gastarbeiter einen viel intensiveren Umgang mit Einheimischen gepflegt, auch in der Freizeit. Mit Familie lebten sie zwar weiter in Deutschland, aber hinter der Wohnungstür familienintern wieder wie zu Hause. Sie sprachen türkisch und pflegten türkische Bräuche – Wertvorstellungen inbegriffen. Oft geraten sie in den zermürbenden Konflikt zwischen den familiären Normen und Werten und denen der hiesigen Umgebung, zum Beispiel in der Schule. Trotzdem: Wenn ein Migrant seine Familie in Deutschland begrüßen kann, ist das natürlich für alle Beteiligten eine Freude und Erleichterung, was man ihnen gern gönnen möchte. Jedoch darf das nicht zu Lasten der Integration in die Mehrheitsgesellschaft gehen. Familien sind wichtig, dürfen aber nicht zu Parallelgesellschaften umfunktioniert werden.

Allerdings stellt sich ein Problem: Politisches Handeln muss immer auf die Botschaften achten, die es gewollt oder auch ungewollt sendet. Wenn die deutschen Behörden einem Migranten den Flüchtlingsstatus nicht zuerkennen und ihm erklären, dass er in sein Herkunftsland zurückkehren muss, sobald das ohne Gefahr für ihn möglich ist, ihm aber anschließend erlauben, seine Familie nachzuholen, wird möglicherweise, ob man will oder nicht, die Botschaft gesendet: »Nimm die Ablehnung durch unsere Behörden nicht so ernst. Wenn ihr erst einmal alle hier seid, werden sich schon Mittel und Wege finden, dass ihr dauerhaft bleiben dürft.« Migranten müssen, wenn sie ihre Familie nachholen wollen, grundsätzlich nachweisen, dass sie sie selbst ernähren können und über hinreichenden Wohnraum verfügen. Für diejenigen, die den Schutzstatus des Asylsuchenden, des Flüchtlings oder den subsidiären Schutz zugesprochen bekommen haben, gilt diese einschränkende Bedingung nicht. Der Staat kommt dann nicht nur für den Unterhalt des Flüchtlings, sondern auch der nachgeholten Familienmitglieder auf. Das ist nichts anderes als Einwanderung in die Sozialsysteme. Denn dass jemand in den ersten drei

Jahren bereits selbst hier genug Geld für seine Familie verdient, dürfte eher selten der Fall sein, am ehesten bei Akademikern mit Englischkenntnissen. Zur Frage, wie viele Migranten kommen würden, wenn der Familiennachzug für Flüchtlinge mit subsidiärem Schutz nicht noch einmal ausgesetzt wird, scheint es keine verlässlichen Angaben zu geben. Man hat, wie es scheint, bei der nur vorläufigen Erfassung der Ankömmlinge seit 2015 die Familienverhältnisse nicht exakt erhoben. Es werden Zahlen zwischen 20 000 und 700 000 genannt. Wer auf dem Wege des Familiennachzugs nach Deutschland gelangt, wird, da er keinen Antrag auf Asyl gestellt hat, in der Flüchtlingsstatistik übrigens gar nicht erfasst.

Da das Bundesamt für Migration und Flüchtlinge (BAMF) in der letzten Zeit wegen Überlastung bei Flüchtlingen mit subsidiärem Schutzstatus nicht überprüft hat, ob gegenwärtig die Gefahr noch besteht, erfolgte die Verlängerung des Schutzstatus nach einem Jahr faktisch automatisch, was dem Gesetz nicht entsprach.

Merkwürdigerweise wird in den Diskussionen um den Familiennachzug gar nicht diskutiert, ob es einen Unterschied machen soll, wo sich die Familie befindet. Das ist besonders dann relevant, wenn sie sich in einem sicheren Drittland befinden. Der Flüchtling könnte dann seine Familie dort sogar besuchen, was übrigens gar nicht so selten geschieht. Das mag nicht zu einhundert Prozent übereinstimmen, doch erinnert das stark an die Situation der Gastarbeiter, die früher zum Urlaub und zu großen Festen in ihre Heimat gereist waren. Sie waren von ihren Familien nicht jahrelang völlig getrennt, es ging ihnen so ähnlich wie Seeleuten, als die Fahrt nach Ostasien und zurück noch Monate dauerte. Wobei das sicherlich nicht das alltägliche Zusammenleben im Familienkreis ersetzt.

Familienzusammenführung könnte dementsprechend aber doch auch so aussehen, dass der Flüchtling zu seiner Familie zurückkehrt, wenn diese an einem sicheren Ort lebt, statt dass diese zu uns kommt. Er würde seiner Familie die gewaltigen Umstellungen und Unsicherheiten eines widerruflichen Aufenthalts in der deutschen Fremde ersparen. Es wäre durchaus vernünftig, wenn der Familiennachzug erst bei gesichertem Daueraufenthalt erfolgt.

Einen Sonderfall stellen in diesem Zusammenhang freilich die unbegleiteten minderjährigen Ausländer (UMA) dar. Im Jahr 2016 ist die Anzahl unbegleiteter minderjähriger Flüchtlinge ungemein angestiegen. Das Bundesamt für Migration nennt für 2014 insgesamt 4300 Personen. 2015 wurden 14 436 Personen gezählt,

2016 bis Ende Oktober bereits 50 373. Das ist eine Verzehnfachung in zwei Jahren. Der Anstieg von 2014 zu 2015 wird durch den Anstieg der Flüchtlingszahlen zu erklären sein. Wichtig wäre hier zu wissen, ob dabei der prozentuale Anteil unbegleiteter Flüchtlinge gestiegen ist. Diese Angabe brauchten wir, um beurteilen zu können, ob unsere Regelungen für unbegleitete minderjährige Flüchtlinge inzwischen instrumentalisiert und missbraucht werden.

Minderjährige Flüchtlinge werden nicht abgeschoben, auch dann nicht, wenn sie kriminell werden und auch nicht, wenn sie die Bedingungen des Flüchtlingsstatus, nämlich individuelle Verfolgung, gar nicht erfüllen. Ihre Familienangehörigen ersten Grades (Eltern und Geschwister) dürfen beantragen, auf dem Wege des Familiennachzugs legal nach Deutschland einzureisen. Der Steuerzahler finanziert sie, bis sie sich selbst ernähren können. Diesbezügliche Schätzungen besagen, dass die Hälfte in fünf bis zehn Jahren sich selbst ernähren kann, die andere Hälfte muss noch länger von Steuergeldern leben. Nehmen wir an, dass die UMA jeweils drei Geschwister haben, dann könnten in den nächsten Jahren allein die 60 000 UMA weitere 250 000 Zuzugsberechtigte generieren, ganz unabhängig von denen, die ohnehin kommen..

Diese Zahl bedeutet erhebliche Kosten. Natürlich darf das kein Argument gegen die Lebensrettung sein, auf keinen Fall. Doch man muss sich der finanziellen Konsequenzen bewusst sein und sie auch offen benennen. Die Rechnung ist einfach: Ein UMA kostet nach Angaben des Bundesverwaltungsamts durchschnittlich pro Tag 175 Euro, also insgesamt 5250 Euro monatlich, das macht im Jahr 60 000 Euro. Für die 60 000 UMA werden wir also jährlich vier Milliarden aufbringen müssen, Stand jetzt. Das verkraften wir spielend, da die Konjunktur gerade vorzüglich läuft. Eine Zukunftsgarantie dafür haben wir allerdings nicht. Weitere Milliarden wird der Familiennachzug der nächsten Jahre kosten. Wahrscheinlich ist das Geld gar nicht das Hauptproblem, obwohl Landkreise und Kommunen bereits ächzen. Ernster ist wohl das Problem, dass sich der sprunghaft steigende Bedarf an Erziehern, Lehrern, Ausbildern nicht decken lässt. Defizite in der Betreuung werden aber das Wichtigste, die Integration, gefährden. Ob diese Lücke durch Ehrenamtliche geschlossen werden kann, will ich bezweifeln.

Heranwachsende im Alter von 15 bis 18 Jahren durchleben eine unruhige Phase der Selbstfindung. Wenn sie in dieser Zeit aus einer autoritär-patriarchalen Gesellschaft mit starker gesellschaftlicher Verhaltenskontrolle in eine liberale Gesellschaft wie die unsere versetzt werden, können sie leicht dem Fehlschluss aufsitzen, hier sei alles erlaubt, was daheim verboten war. Dabei können auch Ressentiments gegenüber Nicht-Muslimen als »Ungläubige« eine Rolle spielen. Dazu kommt die Tastsache, dass eine unbekannte Zahl von UMA sich der Betreuung durch die Jugendämter entzogen hat. Manche mögen bei Verwandten untergekommen sein. Aus Hamburg berichtete die *WELT* im November 2014, dass es dort bereits Banden von UMA gebe und deren Anteil an den jugendlichen Intensivtätern überproportional hoch sei (15 %). Das ist kein Generalverdacht, sondern eine quantifizierende Aussage. Die ständig wiederholte Beschwichtigung, bei jugendlichen Migranten sei die Kriminalitätsrate nicht höher als bei Jugendlichen Alteingesessener, glaube ich gern. Da werden ja polnische, tschechische, portugiesische, vietnamesische Jugendliche eingerechnet, die tatsächlich in der Kriminalitätsstatistik nicht auffallen. Hier interessiert aber die Frage, ob auch bei den UMA aus arabischen Ländern und aus Afghanistan keine auffälligen Befunde zu melden sind. Diese Frage muss gestellt und beantwortet werden, egal, ob es sich um erfasste oder unerfasste UMA handelt.

Die erste Konsequenz aus dem Dargelegten sollte sein: Wir müssen versuchen zu unterscheiden zwischen unbegleiteten minderjährigen Migranten, die durch das Schicksal in diese Lage geraten sind, und solchen, deren Eltern bewusst diese Situation herbeigeführt haben. Die ersteren haben ihre Eltern oder die Verbindung zu ihnen verloren und müssen von uns ohne jedes Wenn und Aber betreut werden, wie das die geltenden Regelungen ja auch vorsehen. Die anderen sind von ihren Eltern vorgeschickt, um ihnen, den Eltern, eine Einreise nach Deutschland zu ermöglichen, obwohl sie weder die Bedingungen eines Flüchtlings noch die eines Einwanderers erfüllen.

Aber wie kann man denn die einen von den anderen in der Praxis unterscheiden? Bei den UMA sind falsche Angaben über ihr Alter (sie wollen alle jünger als 18 sein und dies möglichst lange) und ihr (angebliches) Schicksal sehr verbreitet. Dokumente führen sie nicht mit sich, manchmal auch deshalb nicht, weil die Schlepper verlangen, sie zu vernichten. Aber meistens haben sie Handys. Und ob die UMA wissen, wo sich ihre Eltern befinden und ob diese sich in Sicherheit oder in gefährlichen Gebieten befinden, darüber würde eine Kontrolle ihrer Handy-Gespräche Auskunft geben können. Das halten manche für einen unstatthaften Eingriff in die Privatsphäre – wenn ich als deutscher Staatsbürger Auskünfte verweigere, auf die die Behörden einen Anspruch haben, droht mir Beugehaft!

Über das wahre Alter können zudem medizinische Untersuchungen, nämlich Röntgenaufnahmen der Handwurzelknochen, Auskunft geben. Damit lässt sich zwar kein genaues Geburtsdatum ermitteln, doch das ist auch nicht nötig. Ob die Person 18 oder 19 Jahre alt ist, ist unerheblich, das sollte großzügig zu Gunsten des UMA ausgelegt werden. Aber ob er einundzwanzig und noch älter ist, das lässt sich sehr wohl plausibel feststellen. Datenbasierte Schätzungen lassen vermuten, dass bis zu vierzig Prozent der UMA in Wahrheit über achtzehn Jahre alt sind und den besonderen Schutz dieses Status nicht beanspruchen dürfen.

Schließlich: Wenn sicher ist, dass Eltern eines UMA sich in Sicherheit befinden – wobei Lager in der Türkei, im Libanon und in Jordanien als sicher gelten dürfen –, sollten die Minderjährigen ihren Eltern zugeführt werden und nicht umgekehrt. Derzeit ist das nach internationalen Bestimmungen zum Kindeswohl gar nicht möglich. Das liegt aber daran, dass man bei unbegleiteten minderjährigen Flüchtlingen allein an den Fall gedacht hat, dass Kinder ihre Eltern unterwegs verlieren. Die Wirklichkeit eilt dem Recht immer voraus.

Deshalb muss nun das Recht der Strategie der vorge-
schickten UMA Rechnung tragen. Nur so können auch
in Zukunft die wirklich geschützt werden, die durch das
Schicksal zu unbegleitet unmündigen Ausländern wurden.                                                    RS

## Siebte These:

## Ganz Deutschland hat Angst? Von wegen!

**R**egionen mit vernachlässigbaren Ausländeranteilen entwickeln die stärksten Überfremdungs-Widerstände. So lautet die landläufige Kritik. Darin schwingt EIN sehr überlegen gemeinter, unbedarfter Glaubenssatz mit: »Die haben keine Ausländer, kennen keine Ausländer und bilden sich eine Meinung über etwas, das sie nicht kennen? Also sind es wütende Rassisten mit Überfremdungsängsten!«

Dieser öffentliche Umgang mit Angst ist schizophren. Waren und sind die Ängste vor den Notstandsgesetzen[8], vor der Doppelten Nulllösung[9] (manifestiert in dem absurden Satz »Lieber rot als tot!«[10]), vor der Atomkraft, vor dem Waldsterben, vor dem Ozonloch und vor der seit der letzten Eiszeit noch immer andauernden Erwärmungsphase willkommene Debattenbeiträge für den Fortschritt in der Welt, so sind ebenso massenhafte Bedenken gegen die seit 2015 andauernde, unkontrollierte Zuwanderung plötzlich unstatthafte, lächerliche, schlimme Ängste. Die Besorgnis vor Parallelgesellschaften wird zu Fremdenangst degradiert und damit der Nichtgesellschaftsfähigkeit geziehen. Wer keine Bedenken hat, ist gut. Bedenkenträger sind nicht gut.

Im Kindergarten mag das angehen, den dortigen Disputanten fehlt noch die Reife Erwachsener. In der Demokratie mit deren scharfem Schwert freier Wahlen wird mit solchen Haltungen das Dilemma vergrößert, weil das Dazulernen aller Beteiligten damit ausgeschlossen wird. Weder führten die oben angeführten Notstandsgesetze zur Diktatur, noch die Doppelte Nulllösung zu Nullleben, noch das Waldsterben zum Waldsterben, noch das Ozonloch zum Ozonloch. Und so betrachtet, muss die unkontrollierte Massenzuwanderung auch nicht zum Untergang Europas führen, wenn die Europäer weniger sentimental und mehr vernünftig handeln würden. Was seit 2015 falsch lief, darf sich nicht fortsetzen! Dann besteht die Chance der Erhaltung eines Europas mit dessen westlichen Werten. So ein Europa ist in der Lage, weltweit helfen zu können.

Der Angstvorwurf in der Zuwanderungsdiskussion geht fehl. Ist doch »Angst … die Voraussetzung des Überlebens[11]« – jedenfalls nach Peter Scholl-Latour. Mit Angst im Sinne von Ängstlichkeit hat das zudem nur wenig zu tun. Eher ist es die Verteidigung eines gesellschaftlichen Zustands, der dem entspricht, was sehr viele Altingesessene unter Deutschland verstehen. Die Menschen haben keine grundlose und unbegründete Angst. Sie wollen Asylberechtigten helfen. Eine dramatische Umwandlung ihres Lebens wollen sie aber nicht. Was soll daran schlecht sein? Außerdem sind sie des Addierens mächtig. Jährlich sollen bis 200 000 Zuwanderer aus Nicht-EU-Ländern nach Deutschland kommen. Das macht in zehn Jahren zwei Millionen zusätzliche Nichteuropäer. Addiert mit den 1,3 Millionen Zuwanderern von 2015/2016 kommt man auf mindestens 3,3 Millionen Zuwanderer aus Weltgegenden, die der hiesigen Kultur nicht immer, aber oft befremdet gegenüberstehen. I. Ein Wagnis bis dato unbekannter Dimension wird dagegen die auf Deutschland zukommende Entwicklung. Passend dazu der Vorfall am Amtsgericht Zwickau im Dezember 2017. Die WELT berichtete am 8. Dezember 2017 »Außerdem soll er … Polizisten bespuckt und Frauen als ›Nazi-Hure‹ und ›Scheißdeutsche‹ bezeichnet haben. Dieses Zitat veranlasste den 54-jährigen Richter Zantke, den Angeklagten während des Prozesses zu fragen: ›Wenn es bei uns so scheiße ist, warum sind Sie dann hier?[12]‹« Eine berechtigte Frage, die nichts mit Angst zu tun hat, sondern gestellt werden muss. Die Neu-Folklore von Betonpollern zum Schutz von Weihnachtsmärkten, eingebettet in einen an die »Unterwerfung« Houellebecqs' erinnernden beginnenden Verzicht auf Begriffe wie Weihnachts- oder Christkindlesmarkt, spricht die deutliche Sprache substanzieller Veränderungen. Multikulti ist eben gerade nicht etwas romantisch Lebenswertes, sondern sehr real gesellschaftszerstörend und hochgradig riskant.

Das Leben in Deutschland hat sich seit 2015 geändert. Es wurde gefährlicher und mit dem Wissen, dass der G-20-Gipfel in Hamburg im Juni 2017 die Sicherheitsobergenze Deutschlands offenbarte, wurde es auch gefühlt unsicherer. Das war vor der Zäsur des Herbstes 2015 eindeutig anders. Natürlich ist es immer eine Minderheit unter den Ankommenden, die das Klima auf diese Weise verändert. Und immer muss der einzelne Mensch betrachtet werden! Auch gab es in Deutschland vorher bereits Straftäter, deren Zahl war auch damals schon zu hoch. Dass sie noch weiter steigen wird, kann niemand wollen, abgesehen einmal von den Straftätern selbst. Falls diese Gegenwart die Vorahnung einer noch schwierigeren Zukunft ist, dann ist diese mitnichten erstrebenswert. Nicht einmal für die in friedlicher Absicht zu uns Kommenden. Viele von denen sagen zu uns: »Passt auf! Damit es hier nicht wie bei uns zu Hause wird.« Sie können sich über unsere Leutseligkeit nur wundern, kommen sie doch aus Gewaltgesellschaften und wissen, was für eine Aufgabe ihr Gastgeberland schultern muss – und es nicht stringent tut. Stefan Aust schrieb am 17. Dezember 2017 in der WELT so treffend: »Und noch eines: Die Odyssee des Anis Amri zeigt auch, dass sich islamistische Terroristen wie ›Fische im Wasser‹ bewegen konnten und bewegen können, in der Reisewelle vor allem junger Männer ohne Personalpapiere aus dem nahöstlichen und nordafrikanischen Raum, die als ›Flüchtlinge‹ unter dem humanitären Regenbogen ›Refugees welcome‹ ins Land strömten und weiter strömen.«[13]

Setzen wir unsere Hausordnung in Form des Grundgesetzes und gemäß unserer Leitkultur nicht durch, dann sind wir es selbst, die Schuld an diesen dramatischen Änderungen tragen. Wir haben es selbst in der Hand: Stehen wir an jedem Punkt und zu jeder Zeit zum Grundgesetz, dann gibt es auch keinen Grund für Scharia-Befürchtungen, weil sich Grundgesetz und Scharia ausschließen. Es liegt allein an uns, das klarzumachen und durchzusetzen. In Deutschland darf nur heimisch werden, wer zu unserer Rechtsgemeinschaft gehören möchte. Wichtig dabei ist, dass diese Forderung nicht nur für Menschen zählt, die nicht hier geboren wurden. Selbstverständlich muss die Mehrheitsgesellschaft die Hausordnung vorleben. Anders sind Glaubwürdigkeit und Akzeptanz nicht zu gewinnen. Wer Menschen wie in Heidenau jagt, wer ihnen die Prüfung ihres Asylrechts verwehrt, verstößt gegen die eigene Hausordnung und ist selbst Zerstörer der Gesellschaft.

Muss man wirklich erst Angst entwickeln, um sich gegen solche Veränderungen zu stemmen? Nein, Selbstbewusstsein genügt. Selbstbewusstsein, das sich so artikuliert: »Wir wollen das nicht, basta! Und wenn ihr das nicht begreift, dann sehen wir uns am Wahlabend wieder. Solange das hier eine Demokratie ist, genauso lange ändert niemand diese Republik auf eine Art, die vielen Bewohnern dieser Republik missfällt.« Eigentlich ist das doch ganz einfach. In diesem Zusammenhang können auch die Sympathien vieler Deutscher für die Visegrád-staaten gesehen werden. Die Bundeskanzlerin der Bundesrepublik Deutschland hatte bei ihrer Einladung an die Welt weder ihre deutschen Mitbürger noch ihre europäischen Partner gefragt. Aber die Deutschen und ihre europäischen Partner sollen jetzt alle Eingeladenen »gerecht verteilt« aufnehmen. Gerecht soll das sein, wenn keiner gefragt wird, aber alle mitmachen sollen? Dann noch die anmaßende Unterscheidung zwischen den ebenfalls widerspenstigen West- und Nord-Europäern und den mittel-osteuropäischen Visegrádstaaten, die die europäische Idee beschädigt und vor allem Staaten wie Ungarn und Polen, denen die Ostdeutschen auch ihre Freiheit zu danken haben, diffamiert? Der ungarische Bildungsminister Zoltán Balog zog die Linie am 19. Dezember 2017 im Deutschlandfunk folgendermaßen: »Und unser Beitrag eben, wo das Übel, wo das Unheil entstand, dort sollte man helfen, und nicht dieses

Unheil nach Europa bringen. Das ist unser Grundsatz, und wir versuchen, danach zu handeln.«[14] Und ist es schließlich gerecht, den Dänen ihr straffes Grenzregime zu Deutschland durchgehen zu lassen und den Ungarn Selbiges zu verwehren? Wer soll das noch verstehen? Die EU-Schickeria wiederholt die Hochnäsigkeit vieler ehemals Westdeutscher in Bezug auf die ehemals Ostdeutschen nun auf europäischer Ebene. Mit einem Unterschied: Jetzt sitzen die Oberlehrer in Brüssel und nicht mehr in Bonn und später in Berlin.

In späteren Zeiten wird es im europäischen Gedächtnis mit der unkontrollierten Zuwanderung und den täglichen Bildern von zu Fuß kommenden Menschen auf den mittelsüdosteuropäischen Autobahnen in die EU und besonders nach Deutschland hinein in einer der spätantiken Völkerwanderung nicht unähnlichen Dimension eine Zeitrechnung vor und eine nach dem 5. September 2015[15] geben. Die Destabilisierung Deutschlands und der EU kann in direkter Linie auf das Datum im September 2015 zurückgeführt werden. Unsere Enkelkinder – und hier speziell die Mädchen unter ihnen – werden um ihre Rechte streiten müssen. Das zu schreiben ist nicht Angstmache, es liegt in der Logik der plötzlichen Massenzuwanderung einer vorwiegend patriarchalischen und sehr männlich geprägten Kultur statt einer über Jahrzehnte und Jahrhunderte umfassenden konfliktfreieren Einwanderung. Dies alles bedenkend, sollten Menschen mit Fragen und Kritik nicht undifferenziert und überheblich abqualifiziert werden. Ist doch diese spezielle Überheblichkeit ein Eingeständnis mangelnder Kenntnis grundlegender Zusammenhänge unserer Gesellschaft. Nicht der Warnende ist der Blamierte. Der Überhebliche wird es sein.          GW

## Achte These:

# Denk' ich an Deutschland in der Nacht: Engagierte Weltoffenheit statt gleichgültigen Nebeneinanders

Im Jahre 2000 forderte der Bundestagsabgeordnete Friedrich Merz von der CDU eine deutsche Leitkultur, um so besser in einem Einwanderungsland Deutschland zusammenzuleben. Sofort wurde er verbal geprügelt von Claudia Roth und Linken von *taz* bis SPD, man warf ihm vor, »das sei rechts«. Als Europaabgeordnete, in den Sprach- und Kulturunterschieden Europas erfahren, war ich nicht empört. Europa selbst hat leitende Werte, braucht gemeinsame Regeln bei verschiedenen Erinnerungskulturen an den zweiten Weltkrieg, die Schoa, die Zeit des »Eisernen Vorhangs«, die Geschichte seiner Verfassungen. Ich finde den Begriff Leitkultur verträglich mit einer pluralen, interkulturellen Demokratie. Deutschland war seit 1949 und vor allem seit der Wiedervereinigung 1989 ein relativ weltoffenes Land, das viel an falschen Tugenden verlernt hat, wie Führerkult und Chauvinismus. Mir war in Europa wie bei meinen Reisen nach Lateinamerika aufgefallen, dass es einen linken Nationalismus gibt. Patriotismus ist nicht identisch mit imperialem Eroberungswillen, Verachtung anderer Völker oder von Minderheiten. Seit den 80er-Jahren erlaubte ich mir einen gewissen Stolz auf die Frauen-, Umwelt- und Friedens- und Bürgerrechtsbewegungen in Europa.

Die Idee der Leitkultur und Integrationsregeln wurde

von vielen Medien lächerlich gemacht, die bis heute wohl nicht begreifen wollen – außer beim Fußball –, dass man auf ein liberales Deutschland stolz sein darf, auf ein Deutschland mit Leitkultur, das sich europäisch integriert. Die Kultureliten schwadronieren bis heute unisono, es dürfe keine Leitkultur geben. Über eine moderne Leitkultur, die sie sich in Debatten in Europa einfügt, keine Sonderwege einschlägt, denken sie kaum nach. Das Flüchtlingschaos von Angela Merkel, die lange bejubelt wurde, ist ein Sonderweg. Wenn die Integrationsbeauftragte Aydan Özoğuz behauptet, es gebe keine deutsche Kultur außer der deutschen Sprache, ist sie für ihr Amt unfähig.

Interessant zu diesem Thema ist der Beitrag von Jakob Augstein, der über eine linke deutsche Leitkultur nachdenkt. Er erkennt, dass das Grundgesetz, abstrakt juristisch formuliert, zur mentalen und ethischen Orientierung nicht reicht. Das Reden über Werte auch nicht. Kanzlerin Merkel fiel im Wahlkampf 2013 der platte Spruch ein »Multikulti ist tot.« Das ist wie mit ihrem gedankenleeren Spruch zum Islam, der Islam gehöre zu Deutschland. Er dient der Wahrheitsfindung so wenig wie der platte Spruch der AFD, der Islam gehöre nicht zu Deutschland. Es sollte um einen Islam gehen, wie ihn Denker wie Mouhanad Khorchide entwickeln; um einen Islam, wie ihn Seyran Ateş denkt, um einen Islam, der keinen Antisemitismus, keine Angst vor Schwulen und Frauenrechten oder gar dem »dekadenten Westen« verbreitet. Wir brauchen eine Leitkultur, die nicht zulässt, dass Muslime auch hier zum schwarzen Kopftuch gedrängt werden als Zeichen des politischen Islam oder mit dem Tode bedroht werden, wenn sie den Islam verlassen.

Multikulti ist in der Musik mit der Weltmusik und vielen Mischungen wie auch beim Essen, Mode und Sprachen lebendig. Europa ist immer ein Mosaik von Kulturen gewesen. Damit ist aber nicht klar, welche Hausordnung gilt, die jedes Haus, jedes Flüchtlingsheim, jede Universität braucht, damit das Zusammenleben friedlich und modern bleibt. Dies kann nicht allein der Justiz, der Polizei oder den Geheimdiensten überlassen werden. Integration ist weder mit Assimilation noch mit Beliebigkeit von vielerlei Parallelgesellschaften und Subkulturen zu verwechseln. Der Karneval der Kulturen, die internationalen Filmfestivals, die Theatertreffen sind toll, doch sie schaffen kaum eine Integration der bildungsfernen Schichten. Sie erreichen Rechtsextreme und Linksextreme oder Salafisten nicht, Internetsüchtige, gewaltbereite Milieus, die sich in der Anonymität des Internets vernetzen.

Die intellektuelle Elite, linksliberale Massenmedien und Stadtszenen nehmen bei der Integration gern den leichten Teil der Aufgabe. Sie demonstrieren Weltoffenheit mit gebildeten Flüchtlingen auf dem Podium, in der Universität, bei Umwelt-, Film-, Sport- oder Theaterprojekten. Das Multaka-Projekt im Pergamonmuseum, wo Syrerinnen Museumsbesuchern das Aleppo-Zimmer zeigen, ist wirklich schön. Meist wird bei solchen Kultur- und Dialogprojekten der Religionen aber nur immer derselbe Teil der Gesellschaft erreicht, auch in der politischen Bildung.

Toleranz fördert Gleichgültigkeit, wenn sie nur alles irgendwie lässig nebeneinander existieren lässt. Das hilft auf die Dauer in einer sozial und politisch polarisierten Gesellschaft wenig. Das Nebeneinander wird heute mit einem offenen Deutschland verwechselt, mit globaler Postmoderne: ethnische Clans und Polygamie neben der Ehe für alle und dem Kopftuch für Mädchen, Genitalverstümmelung in der Hinterhofpraxis neben Tätowier- und Yoga-Studios, Nachtclubs neben türkischen Märkten, sogenannte »Ehrenmorde« und reaktionäre Predigten in vielen Moscheen neben der Ibn-Rushd Moschee, die bedroht wird. So wird die Grundlage der Demokratie unterhöhlt. Es muss uns interessieren, ob die Frau und die Tochter vom Nachbarn geschlagen oder vergewaltigt werden, ob der Junge sich als schwul outen kann, die muslimische Tochter einen Christen heiraten kann, ohne von der Familie verstoßen zu werden. Ob die Ehre eines Mannes als bedroht gilt, mit tödlichen Messerstichen gegen Frauen verteidigt werden darf, wenn die Frau ihn verlassen hat, ist keine Frage der Achtung von anderen Kulturen. Für mich gehört zur Integration die Frauenehre, wie sie in Artikel 1 des Grundgesetzes und in Artikel 4 steht, was durch die Forderung nach dem Kopftuch für Lehrerinnen verdreht wird. *Terre des femmes* tritt für Frauenrechte als Menschenrechte ein, Alice Schwarzer mit der *Emma*, der Psychologe Kazım Erdoğan in Kreuzberg, das *Heroes Projekt* mit dem Mädchenladen »Madonna«. Güner Balcı und Necla Kelek warnen seit Jahren mit ihren Büchern vor falscher Männerehre in einigen muslimischen Milieus. Viele Lehrerinnen und Gewerkschafter bemühen sich um gute Integration, schwärmen aber nicht mehr wie einige Integrationsforscher romantisch von Multikulti oder »den Anderen« als das Edle. Die Rede von Johannes Rau 2004 im Haus der Kulturen der Welt hat eine neue Balance zwischen Abschottung und totaler Offenheit gefordert und das Thema eigener Identität, eigenen Traditions-und Geschichtsbewusstseins, Heimat angesprochen: »Wer seine Wurzeln nicht kennt und schätzt, kann auch nicht andere Kulturen schätzen!«

Einige Medien jubelten im Sommer und Herbst 2015 über die Flüchtlinge und sprachen von einem »Geschenk Gottes« (Bernd Ulrich), von einem »Energieschub für das müde Europa« (Claus Leggewie mit Daniel Cohn-Bendit) oder davon, dass nun »Deutschland vielfältiger und religiöser« würde (Katrin Göring-Eckhart). Mit Blauäugigkeit und Floskeln wurde die große Massenzuwanderung von den Spitzen der Regierung, des Bundestages, der Kirchen, den Feuilletons begrüßt, bei der Hunderttausende ohne Pässe, ohne Registrierung als Asylbewerber ins Land gelassen wurden, als schon 200 000 abgelehnte Asylbewerber da waren, die nicht abgeschoben wurden. In einem reichen Lande der Barmherzigkeit einen angemessenen Raum zu lassen, also Kriegsflüchtlinge nach der Genfer Konvention aufzunehmen, so wie es die Mehrheit der Deutschen mit den 400 000 bosnischen Kriegsflüchtlingen 1992–97 gemacht hat, ist ganz in meinem Sinne. Schon seit Jahren trete ich mit vielen für ein gutes Einwanderungsgesetz ein wie in Kanada, auch für bessere Versorgung der Flüchtlinge weltweit in UNO-Flüchtlingslagern.

Doch welches industrialisierte und demokratische Land kann jedes Jahr eine Million oder auch 200 000

Migranten mit kaum ausreichenden Qualifikationen verkraften? Vor allem, wenn Antworten fehlen auf Wohnungsprobleme, wenn es zu viele Minijobs gibt und Langzeiterwerbslose, Altersarmut und schlechte Integration der Unterschicht. Kanada als weltoffenes Land hat spät nur 20 000 Flüchtlinge aus Syrien aufgenommen. Es hat eine sehr kontrollierte Flüchtlings- und Integrationspolitik nach einem scharfen Punktesystem, bezogen auf Qualifikationen, die das Land brauchen kann. Welches Land mit einem so starken Sozialstaat riskiert dessen Missbrauch und versorgt zusätzlich Hunderttausende mit Hartz IV, statt Fachkräfte ins Land zu holen? Wieso mutet man denen, die schon unter dem Stress der Globalisierung und Digitalisierung verunsichert sind, noch die Verstärkung der Probleme zu? Die, die 2015 wagten, nüchtern zu denken, Probleme der Integration in Job-, Wohnungs- und Heiratsmarkt, der inneren Sicherheit vorherzusehen, wurden wie die CSU medial abgekanzelt mit dem Argument: Die Probleme waren vorher schon da, seien daher nicht durch die Flüchtlingszahlen verursacht. Diese Haltung kann man auch realitätsblind, größenwahnsinnig, kraftmeierisch nennen.

Zwei Jahre lang wurde auch von Bischöfen in vielen Medien versprochen, »es ist genug für alle da«, und man müsste dafür sorgen, dass die Armen und Schwachen nicht gegeneinander ausgespielt würden. Man schob die CDU in die rechte Ecke, obwohl ganz Europa sonst für Obergrenzen und gegen offene Grenzen ist, nicht nur Orbán. Nun heißt es nach den Wahlverlusten von CDU und SPD Frau Merkels Sturheit zuliebe »atmender Deckel«. Doch die Kommunen werden weiter überfordert, gut ausgebildetes Personal, das nicht aus dem Boden gestampft werden kann, fehlt an allen Stellen. Wenn weiter 200 000 Flüchtlinge 2017 meist illegal ins Land kommen, melden die Medien fröhlich mit angeblich beruhigenden Statistiken, das seien weniger als 2016. Doch die Million von 2015 ist überhaupt noch nicht integriert, das braucht wohl noch mindestens zwanzig Jahre, falls nicht mehrere Generationen. Die Wirtschaft hat nur 20 000 Flüchtlinge ausgebildet, wegen schlechter Bildung der meisten. Wieso ist es mit Vernunft bedacht nicht genug, 50 000 Flüchtlinge im Jahr legal einreisen zu lassen und dazu gezielt geholte Fachkräfte? Wer das alles einfach so hinnimmt, ist nicht etwa weltoffen, sondern gleichgültig. Sich selbst, dem Land und auch den Flüchtlingen und Einwanderern gegenüber.

Die volkspädagogisch von oben herab ständig vor Generalverdacht gewarnte Mehrheit will wissen, wer ins Land gekommen ist. Sie hat das Recht zu erfahren, wo in Moscheen und im Internet das Gegenteil von Integration gepredigt wird, wo aufgerufen wird zur Abschottung gegen die Demokratie, gehetzt wird gegen die Emanzipation der Frauen und die offene Gesellschaft. In einigen muslimischen Milieus in Europa findet eine Selbstisolation statt, eine Verstärkung rigider islamischer, nationaler, ethnischer Identitäten. Einige muslimische Milieus brachten Verachtung von Ungläubigen, Juden, der USA mit.

Nach der gescheiterten Islamkonferenz werden opportunistisch und scheinheilig Beziehungen mit konservativen, rechten Moscheevereinen gepflegt, auch gute Beziehungen mit islamischen Ländern, von denen man Öl bezieht, denen man Waffen liefert. Den globalen Islamismus nicht als treibende Kraft des Terrors zu benennen, fällt denen in den Rücken, die sich als liberale Muslime hier integrieren und auch denen in Afrika, Asien und dem Nahen Osten, die ihn bekämpfen. So wird verschleiert, wie Saudi-Arabien den Wahabismus zu uns exportiert, wie Katar die Muslimbruderschaft finanziert, die Salafisten in Nordafrika und Europa, der Iran die Hizbollah. Aus Nizza und Paris wurde in Berlin nichts gelernt.

Wegen des Staatsversagens gegenüber den Opfern des IS-Terrors in Berlin haben am 19. Dezember 2017 Bürgermeister Michael Müller und Justizminister Heiko Maas um Verzeihung gebeten. Das Staatsversagen wurde von Kanzlerin Merkel bezeichnet als »wenn einiges nicht gut gelaufen ist«. Ich habe mit einigen Angehörigen der Opfer an dem Gedenkort bei Glockenläuten mit Kerzen zusammengestanden und mit ihnen reden können: Wir müssen viel ernsthafter lernen, den globalen IS zu erkennen und zu bekämpfen, statt sentimentale, kitschige Religions- und Toleranzdialoge zu führen. Dazu gehören auch Religionskritik, die Verteidigung des Neutralitätsgesetzes öffentlicher Institutionen, Abschiebehaft und Abschiebungen, wachsamere Bürgerinnen und Bürger.

Die Integration der muslimischen Flüchtlinge ohne Bildung ist schwieriger als die von Einwanderern aus der EU. Ein bisschen mehr politische Bildung wird nicht helfen. Viel Geld für Prävention gegen islamistischen Extremismus wie gegen Rechtsextreme, die sich in einigem ähnlich sind, auch nicht. Vor allem nicht, wenn man wie die EU und die Bundesregierung die falschen Vereine oder Islamexperten förder. Vielmehr sind die liberalen Muslime zu stärken. Wir müssen zugleich unser eigenes Bewusstsein schärfen und die Gleichgültigkeit bekämpfen: Die wenigsten von uns wissen, was in den Deutschheften für Asylbewerber steht oder in den Integrationskursen und im Islamunterricht gelesen wird. Was steht da zu Chanukka, zu Jerusalem, zu Weihnachten, zum Reformationstag, zu Karneval, zu Jesus und Mohammed, zur modernen Interpretation der heiligen Schriften? Wissen wir, ob die Lernmethoden und die Weiterbildung den neuen Flüchtlingswellen aus muslimischen Ländern angepasst worden sind? Wie schaffen wir es, mit mehr Personal bei Sozialarbeitern und Lehrern, mit den kulturellen Konflikten, mit Bürokratie, der Forderung an Eigenverantwortung und Leistung klarzukommen? Und letztlich: Wie können die Defizite in der Verständigung früh genug erkannt werden?

Bei der Integration sollte bezogen auf das Religionsverständnis, das Familien- und Frauenbild sowie das Männerbild Mut und Klarheit im Handeln verlangt werden von allen, die helfen. Die Zettel von Nottelefonen für Frauen und Mädchen hängen in Heimen ordentlich erkennbar aus. Nur wer liest sie, welche muslimische Frau hat den Mut, welches Mädchen kann sich trauen, da anzurufen? Wenige Sozialarbeiter gehen die Probleme wirklich an, erreichen die betreffenden jungen Männer in ihren Mentalitäten und ihren Masken, bei ihrem vorrangigen Interesse, Geld zu verdienen, als erfolgreiche Männer dazustehen vor ihren Clans. Viel von dem, was die meisten deutschen Männer und die Gesellschaft dazugelernt haben seit 1945, 1968 und 1989, haben sie nicht gelernt. Die Schule und die Kitas sind überfordert, wie ich auch als Lesepatin feststellen musste. Die Betreuerinnen und Heimleitungen fühlen sich unter Stress, sodass sie nicht genau wissen wollen, was in einzelnen Familien passiert, ob ein Kind geschlagen wird, ob sie belogen werden. Dazu kommt die Furcht vor der Presse, jede Institution will gut dastehen. Also schweigt man, erlässt Schweigegebote und bedroht die Kritikerinnen von innen, die genauer hingucken, was in den Männergruppen und Familienclans los ist. Ahmad Mansour gibt Workshops zur Prävention mit muslimischen Männern – es müsste allerdings tausend Ahmad Mansours geben, um die Herausforderung zu meistern.

Ich habe das Abenteuer erlebt, zwei Jahre das kleine afghanische Mädchen Modina zu betreuen auf ihrem Weg, Berlinerin und ein starkes Mädchen zu werden. Es ist traurig, erleben zu müssen, wie der alleinerziehende Vater mit Lügen, unterstützt von der Heimleitung, Modinas Beziehung zu mir abrupt und ohne Dank und Abschied abbrechen konnte. Modina war fröhlich und lernbegierig geworden, hatte wunderbar Deutsch und Singen bei mir gelernt, suchte meine Nähe. Das zerstörte den Männerstolz des Vaters, dem sein Ansehen in seinem Clan wichtiger war. Es ist fatal, wenn diese Haltungen von Sozialarbeitern und der Schulleiterin unterstützt werden. Es fehlen Väter-und Mütterkurse, in denen demokratische Erziehungskultur vermittelt wird. Wir sollten die weltoffene, europäische Kindererziehung Migranten nahebringen, statt ihnen diese vorzuenthalten durch faule Toleranz des sogenannten »Anderen«.

Vielleicht kann ein gemeinsames soziales Pflichtjahr helfen, verschiedene soziale Milieus wieder miteinander ins Gespräch zu bringen. Auch einen europaweiten Freiwilligendienst habe ich vorgeschlagen. So könnten auch Berufsschüler, Hartz-IV-Empfänger oder Seniorinnen Europa besser kennenlernen und nicht nur Erasmus-Studenten oder die Touristen mit Billigflügen. Wir alle brauchen bessere Kenntnisse der Geschichte und Konflikte Europas wie des Islam. Die 40 Thesen zur Reformation des Islam von Abdel-Hakim Ourghi oder auch die Islam-Analyse von Michael Blume sollten endlich in allen Kirchen und Universitäten und Medien ernst genommen werden.«Der Kampf gegen rechts und linksaußen ist wichtig und richtig, doch entscheidend ist das Benennen und das Bekämpfen des islamischen Antisemitismus«, sagt der Historiker Michael Wolffsohn.

Auch die seichte Toleranz der Friedensgebete verschleiert die Integrationsprobleme. Veranstaltungen wie an der Gedächtniskirche in Berlin am 9. Juli 2017 mit Imamen aus Neukölln und Frankreich können nicht ersetzen, dass über Scharia und Islamkritik, den Zusammenhang von Islam und Terror gesprochen wird. Ein Bündnis zwischen den Religionen, das liberale Christen, Juden und Muslime um der Show willen unfähig zur Kritik macht, ist feige. Ist ein fauler Friede. Eine europäische Einwanderungsgesellschaft braucht Religions- und Ideologiekritik zur Integration genauso wie eine gute Streitkultur in den Medien, den Parlamenten, den Bildungsinstitutionen und Familien. Durch Medienfloskeln, Beruhigungsreden zu Weihnachten oder in Neujahrsansprachen wird Integration nicht gelingen. Das ist Gleichgültigkeit und keine Weltoffenheit. Zur Weltoffenheit gehört Kritik. Kritik zu üben, Kritik auszuhalten und Kritik umzusetzen.          EQ

## Neunte These:

Wir brauchen einen neuen Pakt zwischen dem Staat und seinen Bürgern

*»Sieh zu, dass du nicht verkaisert werdest! Nimm einen
solchen Anstrich nicht an, denn es geschieht so leicht«.*[16]

Jetzt geht es ans Eingemachte: an das Grundvertrauen zwischen dem Wahlvolk und dem Staat und
seinen Institutionen. Dieses Vertrauen ist der Kitt,
der das demokratische Gemeinwesen zusammenhält.
Auf Gedeih und Verderb ist die Repräsentative Demokratie untrennbar an das Grundvertrauen ihrer Bürger-
schaft gebunden. Das Prinzip scheint einfach: Der Staat
schützt seine Bevölkerung, die Bevölkerung sichert ihm
im Gegenzug ihre Loyalität zu. Mit diesem Verständnis im Hinterkopf sollten wir unseren Fokus unverstellt
auf die Landtagswahlergebnisse seit dem Herbst 2015
und das Bundestagswahlergebnis vom 24. September
2017 richten. Der Uralt-Sozi Ferdinand Lasalle hilft
uns dabei gern auf die Sprünge: »Alle große politische
Aktion besteht in dem Aussprechen dessen, was ist,
und beginnt damit. Alle politische Kleingeisterei besteht in dem Verschweigen und Bemänteln dessen, was
ist.«

Was ist denn nun? Wie steht es um unsere Institutionen? Wie steht es um unser Vertrauen in die Institutionen? Klappt das noch mit der Demokratie? Wie war das
gleich mit den Unterschieden zwischen König und

Bundeskanzler? Warum Gewaltenteilung? Wagen wir einen saloppen Blick auf die neuzeitliche Entwicklung zur Demokratie, wie wir sie heute kennen, um die Anforderungen und Bedingungen zu benennen, die wir für ein weltoffenes Deutschland nötig haben.

Alleinherrscher sind oberster Gesetzgeber und oberster Richter in Personalunion. Mit einem vermeintlich »guten« König kann das eine Weile funktionieren. Im Falle seines Ablebens aus verschiedenen Gründen, die Geschichte hält hier unzählige Ursachen bereit, kommt in solchen Staatsgebilden allerdings der nächste Alleinherrscher auf seine Untertanen zu. Bereits der kann ein für seine Umwelt und sich gefährlicher Mensch sein. Reinreden lässt er sich nicht und muss das auch nicht zulassen. Ihn jetzt wieder loszuwerden, das klappt nicht so einfach. Mitsprache gibt es nicht, und die Untertanen haben, wenn überhaupt, die Möglichkeit von Bittgesuchen. Solch eine Bitte kann jedoch unberechenbar in Form, Qualität und Quantität zurück auf den Bittenden kommen, wie es heißt: »Gehe nicht zu deinem Fürst, wenn du nicht gerufen wirst.«

Der Weg von den feudalen Herrschaftssystemen zur Repräsentativen Demokratie war ein langer und oft blutiger. Um ihren Alleinherrschern die Macht zu nehmen und selbst Teilhaber der eigenen Dinge zu sein, setzten viele mutige und selbstbewusste Menschen ihr Leben ein. Die Demokratie fiel nicht als Geschenk vom Himmel, wir haben das in Ostdeutschland am eigenen Leib erlebt. Wir alle, Wähler und Gewählte, sollten die Demokratie deshalb mehr achten, uns in die Dinge dieser res publica einmischen und so zum Erhalt der demokratischen Grundlagen beitragen. Nur die Demokratie gibt die Gewähr unblutiger Machtwechsel und friedlicher Entscheidungswege. Nicht nur wer aus einer Diktatur kommt, sollte das schätzen.

Wir heute Lebenden sind keinen Deut klüger als unsere Altvorderen. Unser Wissen ist größer, klüger sind wir deswegen nicht. Deshalb sollte unsere Hochachtung vor den Demokratiedenkern der vergangenen Jahrhunderte nach oben offen sein. Nehmen wir zum Beispiel den Begriff der »Gewaltenteilung«. Statt des feudalen Alleinherrschers haben wir es heute mit auf Zeit mandatierten Bundeskanzlern und Ministern, ebenso auf Zeit gewählten Parlamentariern und unabhängigen Richtern zu tun. Als sogenannte »Vierte Gewalt« kennen wir zudem die unabhängige Presse, eine wichtige Errungenschaft im Unterschied zu vielen früheren Gesellschaften. Damit sind die wichtigsten Institutionen unserer Demokratie aufgezählt: Gewaltentei-

lung und unabhängige Presse, die Freiheit unabdingbar
voraussetzend. Alles in allem ein gewaltiger Fortschritt
in der Menschheitsgeschichte.

Ein heute weitgehend unbekannter Vorgang soll an
diesem Punkt stellvertretend für viele ähnliche Auseinandersetzungen kurz angerissen werden: Eduard
von Simson[17], erster Präsident des 1879 gegründeten
Reichsgerichtes, der wegen seiner maßgeblichen Arbeit
an der letztlich gescheiterten Reichsverfassung von
1849 als »erster Verfassungsvater[18]« Deutschlands an-
gesehen wird, führte im April 1849 die Reichsdeputa-
tion von 32 Abgeordneten der Frankfurter Nationalver-
sammlung an, die dem preußischen König Friedrich
Wilhelm IV. die Nachricht von der Erwählung zum
Deutschen Kaiser überbrachte. Kaiser von Volkes Gna-
den wollte der Preuße aber unter keinen Umständen
werden. Er schlug die Kaiserwürde aus, die die Natio-
nalversammlung ihm aus zweierlei Gründen überant-
worten wollte. Mit der Übergabe der Kaiserwürde sollte
eine konstitutionelle Monarchie aus dem Willen des
Volkes etabliert werden, in der der Kaiser keiner gott-
gewollten Alleinherrscherordnung entsprechen würde,
sondern die Geschicke seines mündigen Volkes für alle
Welt sichtbar als vom eigenen Volk gegeben, repräsen-
tieren sollte. Zugleich hätte die Annahme der Kaiser-

würde einen wichtigen Schritt zur Deutschen Einheit »von unten« lange vor der Reichsgründung »von oben« 1871 bedeutet.

Zurück zu den Grundlagen unserer Demokratie. Institutionell sprechen wir von drei Typen von Staatsorganen: Exekutive, Legislative und Judikative. Die Exekutive ist die Regierung, die von der gesetzgebenden Versammlung – der Legislativen – kontrolliert wird. Die Judikative wiederum ist unabhängig und kontrolliert Regierung und Legislative. Alles, was Regierung und Parlament beschließen und tun, kann juristisch angefochten werden. Das Kontrollverhältnis Exekutive-Legislative ist in der Bundesrepublik seit 1949 allerdings längst nicht mehr klinisch rein. Beide Institutionen stehen sich nicht mehr als Gegenspieler gegenüber. Durch die inzwischen vielfache Personalunion Parlamentarier/Regierungsmitglied wuchs die Bedeutung der Opposition in den Parlamenten beträchtlich an. Franz Müntefering Satz »Opposition ist Mist« ist demokratietheoretisch überheblich und der eigentliche Mist. Opposition mag weniger Spaß machen. Ob Müntefering ja auch nur das meinte? Zu diesen drei institutionellen Staatsorganen besitzen die freien Medien die Rolle der sogenannten Vierten Gewalt. Deren Freiheit ist institutionalisiert, um als unabhängige Sachwalter des öffentlichen Interesses ungehindert im Rahmen des Rechts Information zu beschaffen und verbreiten zu können.

Diese Zusammenhänge sind essenziell, aber auch zerbrechlich. Geraten sie in eine Schieflage, achtet sie der Staat nicht genug, so schwindet die Loyalität seiner Bevölkerung. Eine Pegelstandsmessung für diese Loyalität sind die regelmäßigen freien, geheimen und direkten Wahlen, die Klarheit über die Stimmung in der Bevölkerung bringen. Vier Jahre lang sind die Parteien und Fraktionen am auf diese Zeitspanne mandatierten Zuge, am Wahlabend macht der Souverän seinen Zug und vergibt seine Versetzungsvermerke.

Soviel zur Theorie, die Praxis seit dem 4. September 2015 wird vor diesem Hintergrund noch spannender. Bis zu diesem historischen Datum war die Sache, wie gerade skizziert, klar. Sowohl für die Regierten als auch für die Regierenden. Wahlprognostisch gingen noch im Sommer 2015 große Teile der Bevölkerung allgemein davon aus, dass die für 2017 kommenden Bundestagswahlen wenige Überraschungen bringen würden. Eine Unionsmehrheit um die 40 Prozent schien wahrscheinlich. Damit würde sich die Union ihre Partner unter SPD, FDP oder Grünen aussuchen können, wobei eine veränderte große Koalition die höchste Wahrscheinlichkeit besaß, eine Linksaußenkoalition stand nicht wirklich im Raum. AfD und Pegida würden austrudeln und die Republik nicht vor nennenswerte Probleme stellen. Die Republik war keineswegs in Unruhe.

Das galt solange, bis das »Bundesamt für Migration und Flüchtlinge« per Tweet am 25. August 2015[19] die Dublin-III-Regelungen und damit europäische Verträge und Recht außer Kraft setzte und die Bundeskanzlerin die verheerende Botschaft am 31. August mit »Wir schaffen das und wo uns etwas im Wege steht, muss es überwunden werden« sogar steigerte. Damit wurde dem Volk eine Aufgabe aufgebürdet, die vorher nicht mit ihm besprochen worden war.

Aber handelte es sich damals nicht um einen Notstand? Diesen Einwurf hört man oft. Nein, handelt es sich nicht. Die Notsituation am 4. September 2015 in Budapest war kein inner-bundesrepublikanischer Notstand! Vielleicht meinte die Bundeskanzlerin ja mit dem »Wir« nur sich selbst? Nach meinem Dafürhalten kann es tatsächlich der *pluralis majestatis* gewesen sein: Auf der einen Seite eine Kanzlerin, die die bedrohliche Situation leugnete und auf der anderen Seite gleichzeitig dieselbe Kanzlerin, die mit dem Autokraten Erdoğan einen Deal strickte, der die angeblich nicht bedrohliche Zuwanderung eindämmen sollte. Absurd!

Das durch Handeln bei gleichzeitigem Nichthandeln entstandene doppelbödige Bild der deutschen Politik 2015–2017, wir dürfen den Bundestagswahlkampf mit dem Tanz um den nicht benannten Elefanten im Raum »unkontrollierte Zuwanderung in völkerwanderungs-ähnlichen Dimensionen« nicht vergessen, gab Deutschland der Lächerlichkeit preis. Der britische Politologe Anthony Glees beschrieb das am 8. September 2015 im Deutschlandfunk auf die deutsche Politik bezogen mit »wie ein Hippie-Staat von Gefühlen geleitet«[20]. Diesem »Hippie-Staat Deutschland«, der eine Führungsrolle in der EU einnimmt, entflohen die Briten 2016 mit ihrem Brexit. Sie wurden dafür von vielen harsch kritisiert. Von mir nicht, ich kann sie verstehen: Wer will schon mit solch fehlgeleiteten Akteuren in einer Union deren Suppe mit auslöffeln? Gingen 2016 im Sommer die Briten von Bord, so taten das 2017 viele frühere Unions- und SPD-Wähler. Union und SPD fielen deutlich durch. Sie trugen die Hauptverantwortung für die Gefährdung der Stabilität der Bundesrepublik und erhielten die Quittung. Die verdiente Quittung.

Das Erstaunliche daran ist, dass diese Vorgänge eines bestätigen: Die Demokratie funktioniert. Nur wer das nicht wahrhaben will, wundert sich über das Erstarken der AfD nach dem September 2015. Bei weitem nicht jeder AfD-Wähler gehört dem rechtsextremen Spektrum an. Die meisten AfD-Wähler, die interessanterweise am 24. September 2017 zu zwei Dritteln West- und zu einem Drittel Ostwähler waren, wussten keinen anderen Ausweg mehr, als mit ihrer AfD-Stimme der politischen Klasse mitzuteilen, dass aus ihrer Sicht das Ende der Fahnenstange erreicht sei. Viele von ihnen hätten wohl viel lieber ihre Stimme wie bisher »ihren« Parteien CDU und SPD gegeben. Doch der Eindruck, dass diese Parteien ihre Stimme offensichtlich nicht mehr wollten, ließen diese Wähler für die AfD stimmen. Das Fatale daran: Diese Wähler zurückzuholen, ist eine unendlich schwere, vielleicht sogar beinahe unlösbare Aufgabe. Sind einmal die Millionen unsichtbarer Fäden zwischen Parteien und ihren Anhängern zerrissen, dann sind deren Enden kaum wiederzufinden, geschweige denn nerneut zu verknoten. Vertrauensabrisse, auch im politischen Raum, haben immer einen Hauch von Endgültigkeit.

Nur um das noch einmal deutlich zu sagen: Selbstverständlich gab es Anfang September 2015 eine Notsituation, das Elend der über 5000 Flüchtlinge am Budapester Hauptbahnhof war groß[21]. Ohne Zweifel bestand auch dringender Handlungsbedarf seitens Deutschlands und der EU. Das soll nicht bezweifelt und schon gar nicht kritisiert werden. Es handelte sich um eine Notsituation, aber eben nicht um einen bundesrepublikanischen Notstand. Das ist ein gewaltiger Unterschied.

Damit entfällt ein wesentliches Argument für das Handeln und Vorgehen der Bundeskanzlerin und erklärt sich der Vertrauensschwund des Volkes, das nicht befragt wurde, ob »wir« es wirklich schaffen. Die Feststellung Merkels, die deutschen Grenzen seien nicht zu kontrollieren[22], hat diesen Vertrauensverlust nur noch vergrößert. Denn wir Staatsbürger müssen fundamental davon ausgehen können, dass unsere Bundesregierung mit einer Kanzlerin und einem Kanzler an der Spitze die Regeln dieser unserer Demokratie einhält. Das bedeutet, dass das Regierungshandeln im Rahmen des Grundgesetzes erfolgen muss. Die Exekutive kann nur innerhalb des Rahmens handeln, den ihr die Legislative vorgibt. Europäisches Recht kann nur im Einvernehmen mit den europäischen Vertragspartnern aufgehoben werden. Hierzu muss der Bundestag der Bundesregierung jedoch vorher seine Zustimmung erteilen. Der entsprechende parlamentarische Vorgang fand allerdings nicht statt, damit missachtete die Bundesregierung das Parlament. Man handelte, ohne das Parlament zu befragen, ohne das Volk zu befragen, ohne sich von den Volksvertretern einen entsprechenden Handlungsrahmen geben zu lassen. Wie sollte man danach noch Vertrauen in den Pakt Regierung – Volk haben?

Für diesen Vertrauensverlust sind allerdings nicht nur die Kanzlerin und die Regierung verantwortlich. Der Deutsche Bundestag wurde schon aus kleineren Gründen zu Sondersitzungen zusammengerufen. Allein in der Regierungszeit Helmut Kohls waren Bundestagssondersitzungen in den Sommerpausen so üblich, dass sich die Öffentlichkeit schon wunderte, wenn es in einem Jahr einmal nicht zu Sondersitzungen gekommen war. Lag das vielleicht auch daran, dass frühere Bundestage schlichtweg selbstbewusster waren? Ging hier etwas Grundlegendes in den letzten Jahren verloren? Ich bin überzeugt, dass kein Kanzler vor Merkel die Tore ohne Rücksprache mit dem Parlament und den europäischen Partnern geöffnet hätte. Nicht im Traume wäre denen das eingefallen. Damit meine ich nicht, dass die Abgeordneten sich dem Anliegen vielleicht verweigert hätten. Nein, aber sie hätten ein geordnetes Verfahren mit Ziel, Beginn und Ende der Aktion inklusive der Konsultation mit den europäischen Partnern beschlossen und der Regierung auf den Weg gegeben. Darin besteht die Verantwortung der gewählten Volksvertreter. Es ist schockierend, wie lange das Parlament seinerseits untätig blieb. Ich will es direkt und aus meiner eigenen Politikerfahrung sagen: Ohne einen parlamentarischen Untersuchungsausschuss wäre das früher nicht abgegangen, lieber Bundestag!

Moment, besteht nicht Demokratie aus der Gewaltenteilung? Was war denn mit den anderen Gewalten? Nichts. Die Judikative kontrollierte ihrerseits weder Exekutive noch Legislative und gab auch keinerlei staatsrechtliche Hinweise. Die Medien wiederum, die »Vierte Gewalt«, betätigten sich überwiegend als Applaus- und Regierungskampagnen-Agenturen. So etwas hält keine Demokratie aus. Der galoppierende Vertrauensverlust in Bundesregierung und Bundestag zerstörte die früher stabilen Mehrheitsverhältnisse im Bundestag.

Im Herbst 2015 offenbarte sich etwas, womit niemals vorher für die Bundesrepublik zu rechnen gewesen wäre: ein flächendeckendes Institutionenversagen. In der Folge riss sich eine Lawine aus dem Grundvertrauen der Bevölkerung los, die sich noch immer unberechenbar talwärts bewegt und die Parteienlandschaft der Bundesrepublik gewaltig zerzaust.

Eines kann ich mir nicht verkneifen: Legionen kluger Westdeutscher sangen uns Ostdeutschen vor beinahe dreißig Jahren immer wieder das Hohelied des demokratischen Rechtsstaates und seiner Institutionen. Ich für meinen Teil hatte das begierig aufgesogen. Wie konnte es aber dann 2015 geschehen, dass es so gut wie keine Stimmen gab, die das Recht über die Selbstjustiz der Bundesregierung stellten? Wir Ostdeutschen hatten 1989/90 schon mal einen Staat sang- und klanglos untergehen sehen, die meisten von uns wollten das damals sogar. Ein waffenstarrendes Unterdrückungsmonster verschwand beinahe über Nacht. Der vielen Ostdeutschen willkommene Abgang prägte sich tief ein und formte die Überzeugung: Das, was dem Unterdrückungsstaat zu Recht geschah, das sollte sich keinesfalls mit der verletzlicher erscheinenden Demokratie, in der die Menschen ihre Freiheit leben können, wiederholen. Diese Überzeugung scheint mir heute wichtiger denn je. Wir müssen uns eines klarmachen: Die Bundesrepublik Deutschland ist das freieste und demokratischste Staatsgebilde der Deutschen Geschichte. Das bedeutet, dass wir darauf vertrauen können müssen, dass Regeln eingehalten werden und Recht nicht gebrochen wird. Wir müssen deshalb laut werden und rufen: Mit Freiheit und Demokratie spielt man nicht! Spielt nicht mit dieser Bundesrepublik Deutschland! Spielt nicht mit dem Vertrauen des Volkes in diesen Staat! Schwindet das Vertrauen, geht das Gemeinwesen schweren Zeiten entgegen. Das ist das kleine Einmaleins des Rechtsstaates in Verbindung mit freien, geheimen und direkten Wahlen! Genauso wollte ich das 1989. Viele andere wollten das auch. Wir waren und wir sind überzeugt: Diese Republik ist nicht das hilflose Beutetier von Parteien. Sie ist das, was wir alle daraus machen.                    GW

## Zehnte These:

## So kämpfen wir für Freiheit und Frieden und gegen Fluchtursachen

Die Songs von Marlene Dietrich, die von John Lennon und Yoko Ono gegen den Vietnamkrieg, die meine 68er-Generation mitgesungen hat, die Lieder von Joan Baez und Elvis oder auch später die von Pete Seeger, diese Lieder klingen wie aus weiter Ferne, heute, wo mehrere grausame Kriege herrschen. Zwar haben die Proteste gegen den Irakkrieg weltweit noch einmal Millionen von Friedensaktivisten auf die Straße gebracht. Die Politik oder den Twitter-Irrsinn von Trump, Putin, Erdoğan oder der Mullahs im Iran können wir aber nicht einfach ändern. Was wir jedoch können: den Spielraum für Diplomatie auch im Nahen Osten verstärken. Die Region ist unser Nachbar und scheint wie Afghanistan in eine Art jahrzehntelangen Krieg zu geraten. Mit dem Horror von Chemiewaffen gegen die Zivilbevölkerung, mit reaktionären und rechtsradikalen Muslimen, die moderate Moscheen und Muslime bedrohen, die Christen ermorden, die Kinder leiden lassen für ihre grausame Macht und Wahnideen. Über dunkle Kanäle fließen Millionen Petrodollars in diese Kriege, die Flüchtlinge fliehen nach Europa. Viel ist seit dem »Arabischen Frühling« darüber geschrieben worden, dass die Welt aus den Fugen sei. Filme schwelgen in apokalyptischen Dystopien, autoritäre Regimes tun so, als würden sie den

Weltfrieden erhalten. Der wird nicht nur durch den Diktator aus Nordkorea bedroht, sondern durch viele korrupte Regimes, die Macht der Waffen- und Finanzindustrien, den Wahn der atomaren Aufrüstung in Pakistan und im Iran, den globalen IS-Terror und seine Finanziers in der arabischen Welt. Hassseiten bei *Facebook* und die Gewaltbilderindustrie schwächen die Demokratien. Um es altmodisch zu sagen: Es wirken vielerlei Kräfte des Bösen, wozu auch das Nichtstun der Guten gehören kann.

Deutschland wiederum kann einiges, aber nicht alles gegen Fluchtursachen tun. Es hat sich seit 1945 zu einem friedlichen Land entwickelt. Davon zeugen auch offene Debatten über den Afghanistan- oder Mali-Militäreinsatz, über eine europäische Armee, den Krieg in der Ostukraine, die zerfallenden Staaten in Afrika und im Jemen. Nur in Kooperation mit der EU, der Nato und der UNO, können wir einen Beitrag zum Frieden leisten, ohne uns einzubilden, geopolitisch die entscheidende Kraft zu sein. Das ist inzwischen *common sense*.

»Verleih uns Frieden gnädiglich«, ist eines der alten Kirchenlieder, das ich liebe. Viele haben es zu Weihnachten wieder gesungen, auch in Tansania oder der Ukraine. Ich sang es bei der Beerdigung meines Vaters, der wie meine Großmütter gegen den Zweiten Weltkrieg und die Nazis eingestanden ist. Meine Familie hat mir die Hoffnung auf Frieden 1945 mit auf den Lebensweg gegeben. So habe ich die großen Friedensdemos mit mehr als einer Million Bürgerinnen in Bonn und die Menschenkette in Süddeutschland mitorganisiert, die Frauenfriedensmärsche und dafür meine Unikarriere riskiert. Unabhängige Friedensgruppen in der DDR und *Frauen für Frieden* haben mit zum Mauerfall beigetragen. Für den Bau eines friedlichen Hauses Europas haben der mutige und weise Michail Gorbatschov, haben Václav Havel und die Solidarność eine wichtige Rolle gespielt. Barack Obamas Rede zur Abschaffung der Atomwaffen in Prag mag heute verhallt sein. Andererseits ging der Friedensnobelpreis 2017 an das globale Netzwerk ICAN, das sich für die Abschaffung aller Atomwaffen einsetzt.

Günter Anders, der Freund von Hannah Arendt, hat den Schock von Hiroshima für die Zivilisation der Menschheit in seinem Buch *Die Antiquiertheit des Menschen* reflektiert. Er glaubte nicht an den Fortschritt, der allein durch naturwissenschaftlich-technologische Entwicklungen zu erreichen ist. Er schaute auf die sozialen, kulturellen und militärischen Nebeneffekte, auf brutalisierende, moralisch abstumpfende Langzeitwirkungen. Heute hat der Krieg im Cyberspace schon begonnen. Zwanzig Jahre zu spät wird nun über eine staatliche und gesellschaftliche Regulierung der globalen, irrsinnig schnellen IT-Macht nachgedacht, über die Wiederherstellung des Rechtsstaates mit einem Gesetz gegen Hass bei *Facebook*.

Schon Albert Einstein, Albert Schweitzer, Bertrand Russell oder Bertha von Suttner wussten, der wissenschaftliche Fortschritt allein kann ins Chaos, in die Selbstzerstörung führen, wenn er nicht von Fortschritten demokratischer Rechts- und Friedensinstitutionen korrigiert wird, von Massenmedien, die nicht falsche Ängste schüren. Die Fähigkeit zum Kompromiss gehört zur Demokratie und damit zum internationalen Interessensausgleich, sie muss immer wieder neu gelehrt und gelernt werden. Die *Internationale Liga der Frauen für Frieden und Freiheit* hatte bei ihrem ersten Kongress in Den Haag 1915 auch auf die Notwendigkeit einer verantwortlichen Weltwirtschaftsordnung für den Erhalt des Weltfriedens hingewiesen. Diesen Traditionen bleibe ich treu.

Doch ich musste 1992 die Frage nach der Verhinderung von Völkermord wieder stellen, zusammen mit Marek Edelmann, der den Warschauer Ghettoaufstand mitorganisiert hatte. Warum war das UNO-Mandat für die holländischen Soldaten nicht robust genug, um die

137

Sicherheitszone von Srebrenica und die bosnischen Muslime dort zu verteidigen? Wieso waren UNO, Nato und auch die zivilen Friedenskräfte nicht dazu fähig? Auch 1994 beim Völkermord in Ruanda oder bei dem in Darfur haben sie versagt. Dabei spielten die Großmächte, zum Beispiel die Blockade Chinas und Russlands im Sicherheitsrat, eine schlimme Rolle. Immerhin: Die UNO hat aus diesem Versagen gelernt und die Resolution der *responsibility to protect* geschaffen, wie die UNO-Resolution 1325 zur Beteiligung der Frauen an Konfliktlösungen und Wiederaufbau.

Doch weder der neue Krieg im Sudan noch der in Syrien noch der in der Ostukraine wurden so aufgehalten. Deutschland und die EU überschätzen sich, wenn sie meinen, sie könnten Frieden zwischen Iran und Saudi-Arabien, zwischen den Sunniten und Schiiten schaffen. Doch immerhin können Waffenexporte nach Saudi-Arabien so schnell wie möglich gestoppt werden. Saudi-Arabien ist immer noch ein dubioses Regime, das den Wahabismus bis Bosnien und Europa exportiert und Stellvertreterkriege wie im Jemen finanziert.

Der Irakkrieg unter Bush, der von Angela Merkel unterstützt wurde, hat bis heute Folgen: das Erstarken des IS, der sich mit seinem Terror und Propaganda globalisiert mit Christenvertreibung, Zerstörung von Kulturgütern, grauenhafter Gewalt gegen die Zivilbevölkerung. Aber auch die Flüchtlingsströme gehören zum Teil zu diesen Folgen. Eigentlich müssten die Länder, die den Irakkrieg betrieben haben, die meisten Flüchtlinge aus der Region aufnehmen. Und warum wurden nicht die seit 2004 aus dem Irak vertriebenen Christen von Deutschland als Kontingentflüchtlinge aufgenommen? Waren die Stimmen der deutschen Bischöfe damals laut genug?

Heute halte ich es für eine gefährliche Ablenkung, wenn Bischöfe, SPD, Grüne und Pro Asyl vor allem den Familiennachzug von Flüchtlingen zum Gebot der Menschlichkeit erklären und nicht das Beenden von Kriegen und Bekämpfen anderer Fluchtursachen. Und zugleich sollten Bischöfe und andere mit gutem Beispiel vorangehen und den Sozialstaat zukunftsfest machen, sonst ist eben nicht »genug für alle da«. Kirche hilft an vielen Ecken und Enden, persönlich wie institutionell. Aber man kann und muss mehr tun, sei es mit persönlichen Patenschaften für Flüchtlinge, sei es mit kirchlich finanzierten Jobs und anderen Dingen.

Wichtiges über die Bekämpfung von Fluchtursachen hätten wir beim G20-Gipfel in Hamburg erfahren können. Doch die Ziele der gewaltfreien, kreativen Demos wurden wegen der Bilder der Gewalt des *Schwarzen*

*Blocks* kaum bekannt: andere Handelsbeziehungen, eine andere Fischerei- und Landwirtschaftspolitik der EU. Sie forderten eine gemeinsame Politik gegen den Klimawandel und für Frauen- und Mädchenrechte weltweit. In den Papieren der Hilfsorganisation *Misereor*, von *Greenpeace*, der *Klimaallianz* und dem *Weltzukunftsrat* steht viel über das, was gegen Fluchtursachen helfen kann. Doch auch über den Beirat der Bundesregierung zur globalen Entwicklung berichten die meisten Medien kaum oder nur verkürzt. Viele Menschen wiederum interessieren sich nicht dafür, auch das ein Beispiel für die vorher von mir erwähnte Gleichgültigkeit, die fatal ist.

Wenn es um die Bekämpfung von Fluchtursachen geht, bleibt viel zu tun: Wir müssen Initiativen unterstützen, die Kooperationen mit Reformregierungen eingehen. Seien es die »We are still in«-Städte in den USA, die weiter zum Klimavertrag von Paris stehen; das globale Frauenklimanetzwerk *ICLEI*; das weltweite Netzwerk von Städten für nachhaltige Entwicklung; wir müssen uns stark machen für Kampagnen gegen die Steuerparadiese und gegen Landminen, eintreten für Universitätskooperationen für nachhaltige Entwicklung. Wir müssen die UNO reformieren und ihre Schwächen, ihre dunklen Seiten bekämpfen, man denke nur an die Diktaturen und autoritären Großmächte im

Menschenrechtsrat. Auch die EU muss umgestaltet, muss effizienter und bürgernäher werden, denn beide Institutionen brauchen wir dringend.

Freie Gewerkschaften in China, unabhängige Medien in Russland und der Türkei, keine fake news und Steueroasen in den USA oder Europa gehören zur Bekämpfung der Fluchtursachen; genauso wie die Stärkung der Freiräume für demokratische Zivilgesellschaften, die Beendigung der Kriege und des Terrors. Dazu zählt eine Mittelmeerregion als eine Region der friedlichen Zusammenarbeit und der Frauenrechte, der religiösen und wissenschaftlichen Aufklärung wie sie sich der Literaturnobelpreisträger Nagib Mahfuz oder der islamische Philosoph Ibn Rushd gewünscht haben, für die heute die jungen Rai-Musiker, der Träger des Friedenspreises des Deutschen Buchhandels, Boualem Sansal, oder die Frauen- und Handwerkerkooperativen in Marokko eintreten. Fluchtursachen werden auch durch fairen Handel, weltweit verbesserte Bildungssysteme, durch globales Lernen und durch Training in Gewaltfreiheit bekämpft – und nicht zuletzt durch eine Verweigerung eines zerstörerischen Konsums sowie eine Absage an die Bewunderung von Gewalt und Diktatoren. Packen wir es an – nur so sorgen wir für ein weltoffenes Deutschland!

EQ

# Anmerkungen

1  Vgl. Wikipedia »Staatsgebiet«, Zitelmann u.a.

2  Winston Churchill am 5. März 1946 in Fulton/Missouri

3  Siehe Bundeszentrale für Politische Bildung und hier »Sozial-staat«

4  Letztere hatten ihre Initialzündung am 28. August 1988 mit dem Rauswurf von Oppositionsgruppen aus der Leipziger Nikolaikir-che und dem damit verbundenen Gewinn des öffentlichen Rau-mes für die Opposition.

5  Siehe Huffington Post »Beitritt nach GG 1990«/GW

6  Siehe Huffington Post »Von nie wieder Deutschland zu ›Deutsch-land, Du mieses Stück Scheiße‹«/GW

7  Zweitstimmen Bundesrepublik-West: 3 970 269, Ost (inklusive West-/Ostberlin): 1 906 825

8  Die Verabschiedung der Notstandsgesetze am 30. Mai 1968 war die alliierte Grundbedingung für die Erlangung einer Teilsouve-ränität der Bundesrepublik.

9  Die »Doppelte Nulllösung«, eine Idee von Helmut Schmidt, sah die Nachrüstung des Westens für den Fall der Nichtabzugs der sowjetischen SS-20-Rakten aus dem Gebiet der DDR bei gleich-

zeitigen ständigen Verhandlungen vor. Im Ergebnis der auch »NATO-Doppelbeschluß« genannten Initative kam es mit dem INF-Vertrag von 1987 zum ersten atomaren Abrüstungsvertrag zwischen den Supermächten USA und Sowjetunion. Auch der Zusammenbruch des Ostblocks mit dem Ergebnis der friedlichen Wiedervereinigung Europas war eine Folge der Doppelten Nulllösung.

10 »Lieber rot als tot!« bedeutete nichts anderes als dass es für die Westdeutschen besser wäre, die Ostdeutschen würden freiwillig in der kommunistischen Diktatur weiterleben wollen. Die Angst der Westdeutschen vor den Atomraketen war wichtiger als die Angst der Ostdeutschen, ihr Leben und das ihrer Kinder für immer in der kommunistischen Diktatur verbringen zu müssen.

11 »Angst ist die Voraussetzung des Überlebens.« Peter Scholl-Latour

12 Die Welt am 8. Dezember 2017 »Richter fragt Flüchtling – ›Warum sind Sie dann hier?‹«

13 Die Welt am 17.12.2017 »Das Ende von »Wir schaffen das«, Stefan Aust

14 »Was beschlossen ist, das ist unwirksam«, Zoltan Balog im DLF am 19.12.2017

15 Siehe Achse des Guten »Ich bin dann mal weg, sagte der Staat!«, GW 2016

16 Mark Aurel 121–180 u.Z.

17 Leipzigs demokratische Stadtväter bekannten sich 1997 wieder zu ihrem Ehrenbürger (1883 anlässlich seines 50jährigen Professorenjubiläums) Eduard von Simson und benannten den Platz vor dem Bundesverwaltungsgericht, dem früheren Reichsgericht, nach dem ersten Reichsgerichtspräsidenten, in dessen Bildungs- und Aufstiegsbiographie sowohl der Wunsch des jüdischen Ankommens in der deutschen Gesellschaft als auch der sich abzeichnende Massenmord der Nationalsozialisten an den europäischen Juden ablesbar ist. Sein späterer unsäglicher Nachfolger

im Amt des Reichsgerichtspräsidenten Bumke ließ nach der sogenannten Machtergreifung das Konterfei von Simsons in der Ehrengalerie der Reichsgerichtspräsidenten im Reichsgerichtsgebäude entfernen und gab damit seinen Startschuss für die »Entjudung« der deutschen Justiz im Dritten Reich.

18 Siehe Jürgen Manthey »Königsberg. Geschichte einer Weltbürgerrepublik.« München 2005, S. 486–492

19 Bild-Zeitung 19.09.2015 »Dublin-Verfahren syrischer Staatsangehöriger werden zum gegenwärtigen Zeitpunkt von uns weitestgehend faktisch nicht weiter verfolgt«

20 DLF 8.9.2015 Tobias Armbrüster im Gespräch mit Anthony Glees »Der britische Politologe Anthony Glees hat Deutschlands Vorgehen in der Flüchtlingskrise als »undemokratisch« kritisiert. Im DLF sagte er, Berlin habe sich mit der Entscheidung, die in Ungarn gestrandeten Migranten aufzunehmen, nicht an EU-Regeln gehalten. In Großbritannien herrsche der Eindruck, die Deutschen hätten den Verstand verloren.«

21 Siehe Bild-Zeitung vom 6.9.2015 »Merkel beendet die Schande von Budapest ... Mit der Einreisegenehmigung für Tausende Flüchtlinge aus Ungarn hatte Bundeskanzlerin Angela Merkel eine wahre Völkerwanderung ausgelöst. Schon am frühen Morgen waren Migranten in Budapest und Salzburg in Züge und Busse gestiegen, bis zum Mittag machten sich Tausende Menschen auf den Weg. Das Ziel der meisten: Deutschland. Rund 7000 kamen dort gestern an ...«

22 »Die Welt« am 19.10.2015 »Die größten Heucheleien in der Flüchtlingspolitik ... Bundeskanzlerin Merkel sagt, man könne die deutsche Grenze nicht sichern ...«